华章图书

一本打开的书,一扇开启的门,
通向科学殿堂的阶梯,托起一流人才的基石。

www.hzbook.com

产品管理与运营系列丛书

SCENARIO-BASED DESIGN

Product Design
and Operation Driven
by Scenario

场景化设计

场景驱动的产品设计与运营

朱军华 ◎著

机械工业出版社
China Machine Press

图书在版编目（CIP）数据

场景化设计：场景驱动的产品设计与运营 / 朱军华著 . -- 北京：机械工业出版社，2022.1
（产品管理与运营系列丛书）
ISBN 978-7-111-69608-7

I. ①场… II. ①朱… III. ①电子商务 - 视觉设计 IV. ① F713.36

中国版本图书馆 CIP 数据核字（2021）第 236319 号

场景化设计：场景驱动的产品设计与运营

出版发行：	机械工业出版社（北京市西城区百万庄大街 22 号　邮政编码：100037）
责任编辑：	杨绣国　　罗词亮
责任校对：	马荣敏
印　　刷：	大厂回族自治县益利印刷有限公司
版　　次：	2022 年 1 月第 1 版第 1 次印刷
开　　本：	147mm×210mm　1/32
印　　张：	9
书　　号：	ISBN 978-7-111-69608-7
定　　价：	89.00 元

客服电话：（010）88361066　88379833　68326294　　投稿热线：（010）88379604
华章网站：www.hzbook.com　　　　　　　　　　　　读者信箱：hzjsj@hzbook.com

版权所有 • 侵权必究
封底无防伪标均为盗版　　本书法律顾问：北京大成律师事务所　韩光 / 邹晓东

前言

为什么要写本书

　　场景真实存在于我们的日常生活当中，有的是我们习以为常的，也有的是我们不易察觉的。仔细观察的时候，我们或许能发现场景并将它描述出来，而更多的时候我们容易忽略场景，所以需要专门做用户调研、用户研究来发现它。正因为这样，我们会要求产品经理具备对身边事物较为敏锐的观察力，能够发现常人所忽略的场景，并从中发现和总结规律，最终应用到需求转化和产品设计中。真实的场景集合了用户画像、用户行为、环境影响因素等方面，某种程度上可以代表某一类人群在特定环境下所做出的特定行为。因此对场景的分析能让我们更了解用户，更准确地预判用户的行为，进而更好地满足用户的需求。

　　作为较早从事互联网产品设计的老产品人，我见证了国内互联网产品设计方法的发展和进步，并且在 15 年的摸爬滚打后总结出了一套自己做业务分析、需求分析的方法论。之前一直苦于找不到合适的术语来描述这套方法论，直到遇见"场景化设计"这个词组，我发现它特别贴切。在一些线下分享会上，我与很多产品经理分享了我所总结出的部分内容,从反馈来看,接受度和认可度都比较高,因而我萌生了将其总结归纳为一套系统的设计方法的想法。

写作本书的主要目的是系统阐述场景化设计的原理和应用,从原理到应用,再到实战,将场景化设计与产品设计、产品运营结合起来,真正以用户为中心来设计产品、运营产品。由我来抛砖引玉,期待后续有人能更系统地阐述场景化设计的价值和应用方法。

除了系统阐述场景化设计的原理和应用之外,写作本书还有如下两个原因。

一是想统一大家对场景的认知,因为这样才能更好地进行场景化设计。

现在大家普遍将场景等同于用户场景,其实不完全准确,场景分为业务场景和用户场景。业务场景是指在现实生活当中客观存在的,或受一定因素影响衍生出来的,包含业务操作流程和信息传递过程的场景,也叫原生场景。用户场景是指用户在不同时间、地点、环境下产生的不同心境、行为或需求,也就是说用户在某个环境下会触发和完成某个任务。业务场景是底层业务逻辑,用来支撑应用层业务的展开;用户场景则是用户在业务场景里可能做出的行为或产生的需求。脱离业务场景去分析用户场景是不可行的,比如脱离了衣食住行的业务场景,就无法分析围绕衣食住行用户场景的互联网产品。

用户场景又分为用户操作场景和用户使用场景。用户操作场景侧重于时间和地点,指用户会在什么时间和环境下操作产品功能,考量的是操作时的约束;用户使用场景侧重于人物和任务,指用户会在什么样的情态下完成什么样的任务,考量的是用户行为产生的动机。用户场景其实可以分为"用户"和"场景",首先从用户本身的各种属性分析用户画像,其次从场景的角度分析什么时间什么地点用户在做什么。我们在设计产品的时候,先接触到的是用户需求,然后才将其转化为产品需求,在这个过程中很容易忽略用户场景,用户场景分析有助于我们更好地理解用户需求。

二是将一些场景化设计方法具象化,方便后来人学习和掌握。

对于场景,只要描述出来,大家是很容易接受的。但问题的关键在于日常工作中我们很少基于场景做设计,并不是不会,而是意识不到或者发现不了场景。造成这个问题的原因很多,比如:已经习以为常的产品功能或设计,本身可优化的空间可能已经很小;认为自己也是用户,非常熟悉用户,拍脑袋替用户做了很多决策,但思考得不够细腻、不够全面;项目周期短,留给产品设计的时间有限,能按时完成任务就不错了,没有时间做深入分析;领导直接拍板,产品功能就按×××产品的来做,或者就按领导所说的方案设计,不给思考的空间和时间。或许还有很多其他的原因,但作为产品经理,我们要始终保持好奇心,刻意去发现;要始终坚持初心,记住那些用心设计之后所获得的成就感和愉悦感,督促自己持续做出好的设计。

书中介绍了换位思考法、5W1H 分析法、用户画像分析法和现状 – 结果分析法来帮助大家发现场景。产品经理只有善于发现场景,才能做出符合用户预期的产品。

读者对象

本书适合初级、中级、高级水平的产品经理和产品运营人员,以及需要与用户打交道的其他人员阅读。

本书特色

本书全面、系统地讲解了基于场景的设计方法和应用方式,从认知到运用,再到实战,有原理,有案例,通俗易懂。

如何阅读本书

本书系统讲解了场景化设计方法的应用,结合真实的案例,使读者更容易理解场景化的基本原理。

全书共 12 章,分为三部分。

第一部分　认识场景化(第 1~5 章)

阐述场景的定义,以及场景化设计的作用和分析方法。现在是拼用户体验的时代,这就要求我们去发现场景,深入了解用户的个性化需求,从而让更多的用户满意。

第二部分　运用场景化(第 6~10 章)

场景化设计的核心是要清楚用户的核心诉求,并将其运用到产品策划过程中。运用场景化有三个核心步骤:首先,明确用户的目标;其次,观察用户的操作行为;最后,洞察用户的心理活动。这样能帮助我们更好地预判用户为了达到目的而触发的真实场景。

第三部分　实战场景化(第 11~12 章)

以电商类产品为例介绍场景化设计的应用,并举例说明如何将业务场景分析转化为产品业务模式。

勘误和支持

由于作者的水平有限,书中难免会出现一些错误或者不准确的地方，恳请读者批评指正。如果你有任何关于本书的意见或建议，欢迎发送邮件至邮箱 zjh0723@126.com，期待你的真挚反馈。

致谢

感谢机械工业出版社华章公司的编辑杨福川和罗词亮，他们在这一年多的时间里始终支持我写作，让我顺利完成全部书稿。

谨以此书献给所有互联网产品经理。我始终坚信，产品经理可以改变世界！

朱军华

2021 年 12 月

目录

前言

第一部分　认识场景化

| 第1章 | 产品设计趋势：场景化导向的革命　　2

    1.1　场景化影响互联网的各个方面　　3
    1.2　移动互联网带来的场景化深入应用　　4
    1.3　产品设计过程中的场景化思考和应用　　8
    1.4　交互设计中的场景化思维　　13
    1.5　本章小结　　15

| 第2章 | 业务场景：互联网产品的发展根本　　16

    2.1　探究互联网产品的业务场景　　17
        2.1.1　业务场景的4个特点　　17
        2.1.2　业务场景的应用举例　　18
        2.1.3　业务场景的应用现状　　20

2.2 分析业务场景对产品设计的作用 22
  2.2.1 生活服务场景 22
  2.2.2 物品交易场景 26
  2.2.3 受教育场景 30
2.3 传统业务互联网化需要注意的问题 32
2.4 辨别和分析业务场景 35
  2.4.1 辨别现实场景和虚构场景 36
  2.4.2 辨别宏观场景和微观场景 37
  2.4.3 业务场景的分析步骤 38
  2.4.4 潜在的业务场景分析 41
2.5 本章小结 41

第3章 用户场景：围绕用户解决核心诉求   43

3.1 定义用户场景 44
3.2 用户场景分析的四要素 48
  3.2.1 用户要素 49
  3.2.2 时间要素 50
  3.2.3 地点要素 51
  3.2.4 任务要素 51
3.3 用户场景的特性 52
  3.3.1 变化性 53
  3.3.2 复杂性 55
  3.3.3 可塑性 57
3.4 基于用户场景设计产品 59
  3.4.1 产品设计的历史演变 59
  3.4.2 如何基于用户场景设计产品 61

3.5　本章小结　　　　　　　　　　　　　　　　　67

|第4章| 场景化思维：移动互联网产品的灵魂　　　68

　　4.1　碎片化思维，快速抢占用户心智　　　　　　69
　　4.2　粉丝思维，得粉丝者得天下　　　　　　　　76
　　4.3　焦点思维，关键在于做什么　　　　　　　　80
　　4.4　快一步思维，找到快速发展的道路　　　　　82
　　4.5　第一思维，成为用户心中的第一　　　　　　83
　　4.6　本章小结　　　　　　　　　　　　　　　　85

|第5章| 发现场景：运用常见分析方法找到场景　　86

　　5.1　换位思考法　　　　　　　　　　　　　　　87
　　5.2　5W1H分析法　　　　　　　　　　　　　　90
　　5.3　用户画像分析法　　　　　　　　　　　　　92
　　5.4　现状-结果分析法　　　　　　　　　　　　96
　　5.5　本章小结　　　　　　　　　　　　　　　　98

第二部分　运用场景化

|第6章| 细化场景：运用四种方法明确场景　　　　100

　　6.1　用户行为动机分析法　　　　　　　　　　　100
　　6.2　场景拆解法　　　　　　　　　　　　　　　106
　　　　6.2.1　细分场景　　　　　　　　　　　　　107
　　　　6.2.2　提炼关键点　　　　　　　　　　　　109
　　　　6.2.3　吸引注意力　　　　　　　　　　　　110

x

        6.2.4　影响决策　　　　　　　　　　112
        6.2.5　引导行为　　　　　　　　　　113
        6.2.6　强化行为　　　　　　　　　　113
    6.3　场景调研沟通法　　　　　　　　　　　115
        6.3.1　结果先行　　　　　　　　　　116
        6.3.2　借助媒介　　　　　　　　　　117
        6.3.3　换位思考　　　　　　　　　　120
        6.3.4　注重反馈　　　　　　　　　　122
    6.4　用户行为流程涉众分析法　　　　　　　123
    6.5　本章小结　　　　　　　　　　　　　　126

|第7章| 深入洞察：基于用户心理的场景化设计　　127
    7.1　由场景变化引起的用户心理变化　　　　128
    7.2　以贴心为目标的产品设计　　　　　　　132
    7.3　以高效为目标的产品设计　　　　　　　137
        7.3.1　减少用户的操作步骤　　　　　137
        7.3.2　系统自动完成　　　　　　　　139
        7.3.3　即时响应式反馈　　　　　　　140
        7.3.4　突出关键操作　　　　　　　　141
        7.3.5　原操作行为替换　　　　　　　142
    7.4　以情感化为目标的产品设计　　　　　　143
    7.5　本章小结　　　　　　　　　　　　　　147

|第8章| 无形利剑：基于同侪效应的场景化设计　　149
    8.1　同侪团体和同侪效应　　　　　　　　　150
        8.1.1　同侪团体的特性　　　　　　　150

	8.1.2 什么是同侪效应	152
8.2	同侪压力对用户的影响	154
	8.2.1 激励同侪团体中的个体	155
	8.2.2 促使个体被同侪同化	157
	8.2.3 促使个体产生代入感	159
8.3	同侪效应的特性与应用	161
8.4	基于同侪效应的产品设计案例	165
	8.4.1 同款奶粉在三个电商平台上的展示样式	165
	8.4.2 线上保险产品的列表展示样式	168
8.5	本章小结	171

|第9章| 乐趣至上：游戏式的场景化设计　　173

9.1	拥抱游戏式设计及其应用场景	174
	9.1.1 游戏式设计的特点	175
	9.1.2 游戏式设计的应用场景	177
9.2	理解游戏式设计的作用原理	179
	9.2.1 积极主动地影响或改变用户行为	179
	9.2.2 给予用户恰到好处的奖励	183
9.3	从游戏中借鉴如何留住用户	187
9.4	游戏式设计的4个关键点	194
	9.4.1 目标：明确为何要采用游戏式设计	195
	9.4.2 规则：约定限制条件和玩法	197
	9.4.3 反馈：及时告知行为的结果	198
	9.4.4 激励：鼓励用户的下一次行为	199
9.5	产品设计中的常见游戏元素	200
9.6	本章小结	205

| 第10章 | 衡量标准：基于场景化的产品设计考量　　207

  10.1 场景化设计的问题和应对　　207

  10.2 从设计目标的角度衡量　　210

  10.3 基于场景拆解的体验衡量　　216

  10.4 基于用户场景的可用性测试　　219

  10.5 本章小结　　223

第三部分　实战场景化

| 第11章 | 实战演练：场景化在电商类产品中的应用　　226

  11.1 电商会员购买场景设计　　227

  11.2 优惠券发放逻辑设计　　232

  11.3 购物车推荐最优省钱方案设计　　236

    11.3.1 店铺优惠券的领取逻辑　　237

    11.3.2 平台优惠券的领取逻辑　　245

    11.3.3 优惠券混合使用时的最优方案推荐　　246

  11.4 电商直播场景化设计　　249

  11.5 一种简易的短视频排序逻辑　　251

  11.6 不同角色间的结算逻辑设计　　255

    11.6.1 买家端的订单详情页和退换单详情页展示　　256

    11.6.2 商家端的订单详情页和退换单详情页展示　　260

  11.7 本章小结　　263

| 第12章 | 业务分析：支撑商业模式的业务场景拆解　　265

第一部分

认识场景化

在当下移动互联网迅速发展的时代，同质化的产品或服务越来越多，用户的选择也越来越多。在争夺用户心智的战争中，"场景为王"逐渐成为主流认知，不管是产品设计还是产品运营，越来越多的人在强调场景化。那么场景化到底有什么魔力呢？

互联网产品已经发展到了拼体验的阶段，在满足用户使用诉求的同时，还要尽可能让用户使用舒服，减少操作，降低认知成本和学习成本，把用户变得越来越"懒"。这就要求我们除了要分析用户需求以外，还需要分析用户产生需求的情景、达成诉求的操作场景以及不同属性用户的个性化要求。这样就可以让更多的用户满意，让产品更好地服务于目标用户群体。

| 第 1 章 | CHAPTER

产品设计趋势：场景化导向的革命

　　场景泛指情景，在互联网行业里，更多的是指满足用户需求产生、达成的环境，即用户在不同时间、不同地点、不同人物以及不同其他因素作用下的不同心境、行为、需求或诉求。而场景化设计就是针对产生的这些心境、行为、需求或诉求设计解决方案，以达到在相同的目标用户群体中覆盖更多用户的目的。

　　用户的消费心理伴随着互联网的发展而日趋成熟，越来越多的用户能够意识到自己的诉求怎样才算得到较好的满足，即便是同一类型的产品目标用户群体，对产品使用体验的要求也存在较大的差异。所以我们看到平台化的产品在细化信息架构，垂直领域的产品越来越多，面向不同类型用户的同质化产品都有各自的市场空间。而这些都是由场景细分导向的产品设计所引发的模式革命，也逐渐成为产品设计领域的趋势。

1.1　场景化影响互联网的各个方面

在互联网产品竞争越来越激烈的当下，回首分析那些相对成功的互联网产品，不难发现，它们都特别符合用户的使用需求。

这其中部分互联网产品的成功是有时效性的，在特定的时间段内发展非常迅猛，而在热度过后很快就销声匿迹了。比如脸萌，在短时间内刷遍了微博和朋友圈，一度登上了 App Store 排行榜的首位，却又很快跌落神坛。

部分互联网产品的成功是有地域性的，在特定的地域内用户接受度很高，而在地域扩张后却始终找不到发展的节奏。比如 1 号店，起家于长三角地区，当其往内陆地区发展的时候，却因为很多条件不太成熟，业务扩张遭遇重重阻碍。

部分互联网产品的成功是针对特定人群的，即便人群比较小众或者特殊，也不可否认其发展得很好。比如拼多多，依靠持续获取新客的能力而在电商产品里占据了一席之地。大量对价格比较敏感的用户和接触互联网时间不长的中老年用户成为使用这个产品的主力军。

部分互联网产品的成功是因为满足了用户的核心需求。核心需求即我们常说的痛点、刚需，甚至也包括痒点、兴奋点类的需求，比如外卖类产品解决了用户与餐馆之间的距离问题。从互联网"连接"的角度看，用户与餐馆已经是最短的连接，而外卖产品，虽然增加了环节，但却满足了用户足不出户吃到附近美食的诉求。

所以，现如今做产品要综合考虑多方面的因素：时间、地点、人物、用户所需达成的目标以及其他环境因素等。时间因素是指用户在什么时候使用产品；地点因素是指用户在什么地方使用该产品；人物因素是指使用该产品的人群有怎样的特征；用户所需达成的目标是指用户使用产品的原始动机，产品能解决用户的什么问题；其他环境因素是指会影响用户使用产品的其他因素，如网络环境、天气、心情等。这些因素会影响产品的成败。

多方面因素的综合考虑意味着做产品要基于场景，用户在什么时间点会去什么地方，和谁在一起会做什么事情，这样场景化的描述界定了产品需要满足的特定目标。比如，现在很多人在出行时会想到使用大交通类的互联网产品，想去不知道如何到达的目的地时会考虑使用地图类产品的导航功能，想要拍照的时候会自然而然地打开美颜相机类的产品。

好的产品总是在特定的场景下解决用户的特定问题，这样才会让用户在遇到特定场景的时候第一时间想到对应的产品，这也是场景化设计应用到产品上的最大价值。时至今日，场景化的应用已经越来越多。旅游场景、出行场景、社交场景、运动场景、购物场景、休闲场景、游戏场景、租房场景、医疗场景等，根据用户特定的场景诉求，结合时间、地点、人物和其他因素，就能衍生出很多场景化的应用。

比如对于最为常见的"吃饭"场景，用户有多种选择：直接去餐馆、订外卖、叫大厨上门做饭，或者自己下厨，等等。这么多应用的核心都是为了解决用户"吃饭"的问题，但是不同场景下所需要的条件、影响因素是不一样的，因此产品只有明确了自身的发展定位，才能在对应的场景中深入挖掘出立足之地。

1.2 移动互联网带来的场景化深入应用

在以台式机为主的传统互联网条件下，用户上网的地点和时间都有很大的局限性。从场景化的角度看，地点和时间受到限制极大制约了场景的变化，从而促使当时的互联网产品只能以满足用户刚需为主要手段。所以早期的互联网产品是以"新"居多，主打从无到有，把原来线下的内容搬到线上去，把互联网上没有的东西变成有。这一时期出现了很多借鉴了国外互联网产品的业务模式而又具备中国特色的产品，因为当时国外互联网的发展速度要比国内快很多。

而移动互联网的主要入口为移动终端上的 App。用户可以随时随地通过 App 接入互联网，并快速享用各种各样的产品和服务。这样解除了时间和地点对用户的限制，使用户可以更好地利用碎片化时间去使用各色产品。这种用户行为的改变导致移动互联网与传统互联网的产品孵化策略存在很大差异。

国内移动互联网经历了几年的发展，从塞班系统为主的"摸索时期"，到安卓系统出现后的"蓬勃发展"，待到 iOS 系统生态出现后的"体验革命"。操作系统的升级使移动终端逐渐有了"智能"的称谓，如智能手机、智能 Pad、智能设备等，也给终端带来了很多应用上的变更。操作系统软件和移动终端硬件结合后出现了更多情景式的应用，很多实际生活当中的场景被搬到了移动终端上。

互联网产品界一直都奉行一个原则，那就是需求来源于生活，又应用于生活。移动互联网的发展让互联网与实际生活之间的融合变得更顺畅，而这种融合也反过来推动着移动互联网在国内的发展。

时至今日，大部分移动互联网产品的研发人员已经意识到场景化设计的重要性，并希望能抓住某个场景，抢占用户心智。所以当下对场景的争夺变得异常激烈，很多好的场景一经发现或应用，大量同质化的产品就会相继出现，占领移动终端。

而移动终端的桌面特性很大程度上决定了用户不太会同时安装

多款同质化的App，因此移动互联网行业的生存"第一思维"就出现了。在传统行业，可能行业前三都有很大生存空间，但在移动互联网行业，往往只有第一名能笑到最后，排在其后的都会逐渐退出竞争。因此，想要生存就看能否抢占先机，能否更切合场景，能否提供更好的用户体验。

另外，一款App在抢占某个场景并牢牢占据第一的位置后，便会尽其所能地将触角延伸至其他场景，在时间、地点、用户、任务等多方面继续扩张，覆盖尽可能多的场景应用，这也就是人们常说的"平台化思维"。QQ、美团都是类似的发展思路。

但是手机屏幕尺寸有限，常用的App如微信、微博、QQ及地图、音乐、视频、美食类应用可能已经占领首屏。被放到第二屏或者被归类放到文件夹下，甚至是第N屏的某个文件夹下的App，即使是基于场景而设计的，也很可能被用户遗忘。因此，移动互联网产品的基于场景化设计逐渐由静态场景满足向动态场景满足进化，也就是所谓的"情景化"。

按现在的发展速度，想让用户在某个特定场景中记起产品将变得越来越难。在不远的将来，好的移动互联网产品要能主动感知（发现）场景的到来，然后进行自启动，在用户尚未操作的情况下给予用户反馈。

比如有一些运动健康类的App已经能够通过分析GPS、传感器记录步频、距离、配速等信息以及智能设备监测到的心跳速率、肌肉疲劳度等数据，帮助用户合理制订运动计划，并给出单次运动的强度建议或一周的运动频次。很多足球队在训练的时候会让队员穿上特制的背心，就是基于这样的原理。

目前大多数跑步记录类或骑行类App要求用户在跑步之前先手动启动App，否则无法记录跑步或骑行的路径和其他相关的数据。如果能开发出基于自动情景感知的运动类 App，对于用户来说，体验将会更好。比如可以监测用户是否在跑步，若是则自动启动 App 开始记录跑步相关的数据；可以自动监测用户在跑步时是否戴着耳机，若是则通过耳机自动向用户推送语音消息，并指导其调整步速和呼吸，达到科学健身的目的。

如果产品可以做到自动匹配场景，能被特定的场景所触发并主动到达用户，那么就能很好地解决被用户遗忘的问题。另外，主动提供服务给人的体验会更好，主动服务本身就是服务体系里面体验感受最好的。图 1-1 所示是华为手机的"情景智能"功能，系统在监测到用户有航班信息时会主动提醒用户是否需要设置闹钟。

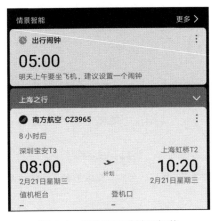

图 1-1　华为手机的情景智能

实现主动场景感知的一种途径是运用数据分析和挖掘技术。基于用户行为数据和业务调用数据，学习和发现用户的喜好；利用大数据分析当时用户所处的场景，随后进行精准推送。以这样的方式提供服务，用户对信息推送的忍耐程度会提高不少，但前提是推送的内容对用户是有用的，且是恰到好处的、符合场景需要的。

如果移动互联网的产品能够做到在恰当的时间、恰当的地点将恰当的信息推送给需要的用户，这必将给移动互联网带来一场新的场景式革命，这也应该是未来移动互联网产品设计和发展的方向。

1.3 产品设计过程中的场景化思考和应用

如前文所述，产品设计的主要考量就是用户和用户的需求，而场景、用户、需求三者是不可分割的，我们不可能抛开场景去讨论用户和需求，那是不切实际的。三者之间的关系是：用户在场景中，而需求是用户产生的，如图1-2所示。

图1-2　场景、用户、需求三者之间的关系

产品设计需要基于场景化，场景化产品设计的本质是通过业务服务流程、用户行为过程中的场景设计影响用户的认知和行为，从而达到预期的产品设计目的。在场景化产品设计中，"场"是特定时间和特定空间的结合，"景"是特定人物和特定任务产生的情景和互动。当用户停留在某个特定空间的时间里，要有情景和互动去触发用户的情绪。

因此，在产品设计过程中设计应用相应的场景，有助于产品提供更好的服务和用户体验。总的来说，有以下几个好处。

1. 可以使产品定位更加清晰和明确

从产品研发的角度来说，产品定位是企业结合目标市场和自身业务特点，将自身业务产品化的一种描述定义。这里的目标市场和业务的结合就需要考虑是否有结合的场景。通常，我们从三个角度来分析产品定位。

第一，确定目标用户群体，产品是面向哪一类人群的。早些年的产品都是面向所有互联网用户的，现如今产品是越精准、越垂直越好。越是小众的产品，越需要考虑这部分用户的使用场景是否存在。

第二，确定产品的核心功能和服务，也就是产品重点解决了什么问题，满足了用户的什么核心诉求。如果你的产品满足了某类用户的痛点、刚需，那就是产品的核心功能和服务。刚需产生于用户，而两者都包含在场景当中，因此有场景才会有相应的需求，结合场景去找用户的痛点需求，可以找得更准确。

第三，确定产品的形态，产品是基于什么样的形态和模式提供服务的。可以是App、网页、微信公众号或者小程序，不同形态的产品在实现方式和用户使用上会有场景上的区别；可以是自营或者平台，不同模式的产品所能提供的服务也不尽相同。

通过场景化的方式分析和判断什么样的用户会使用该产品服务，他们会用到哪些主要功能，什么样的产品形态会更方便他们使用服务。

2. 可以使需求分析的过程更准确和高效

需求分析的目的是找到实际要做的需求，并明确需求执行的优先级。我们在收集需求的时候，即便限定了需求获取的范围，但因为每个人的理解有差异，收集的需求或多或少都会有些偏差，这就要求我们运用一些分析的方法去甄别。

常见的需求分析方法，如做加法、做减法、做需求挖掘，都有一个前提，围绕什么样的标准或衡量尺度去做分析，也就是要解决为什么加、为什么减的问题。这时引入场景来说明是最具象化的。

如图 1-3 所示，iPhone 手机提供了两种接听电话的交互操作方式。基于简约设计的思想，尽量简化用户的认知和操作是很重要的。如果按这个思路下去，很可能在需求分析的时候就会做减法，把其中一种去掉。那么 iPhone 为什么要有点击接听和滑动接听两种交互操作呢？

图 1-3　iPhone 手机提供的两种接听电话操作方式

稍微观察一下就能发现，在 iPhone 手机锁屏的状态下，接听电话的方式是滑动接听；在 iPhone 手机未锁屏的状态下，接听电话的方式是点击接听。知道这个区别后，应该就能明白其中的场景区别了。在手机锁屏的状态下，用户可能没有将手机拿在手上，有可能是装在裤兜或者放在包里了。这种场景下，如果采用点击接听的方式，误触的概率很高。在手机未锁屏的状态下，用户可能是将手机拿在手上操作的，这种场景下不会出现误触的情况，点击接听会更方便快捷。

从场景化的角度去思考后，两种操作方式的需求就都变得有必要、有意义了。我们一直讲围绕产品定位去甄别和筛选需求，其实也是围绕产品业务开展的场景，以此为主线和评判依据，对所有收集回来的需求进行分析。

3. 可以将产品设计的过程考虑得更全面

我们在做产品的过程中经常会出现漏需求、少功能的情况，就是因为对场景的分析不够全面。

我经常会要求我的产品团队针对某一个功能点进行场景穷举，把所有能想到的用户使用该功能的场景都列举一遍，能列举出来的基本上就是目标用户在使用过程中会出现的。单枪匹马做项目很容易有局限性，要结合团队的力量。所以才需要有头脑风暴、产品团队内部的需求评审会，这就是要让其他同事帮你一起过一下，看有没有漏掉哪一点。

不仅要从正向使用的角度去考虑，也要多考虑一下逆向的情况。比如电商产品中常见的预售功能，对于正向下单流程来说，不管是一次性全款付清，还是订金和尾款分开支付，相对来讲都不难。但从逆向退款的角度来看，一笔订单一次支付和分两次支付的复杂度相差很多，后者需要额外考虑很多细节问题，比如：

- 到底是订金还是定金？万一出现用户不能履约的情况，定金是不退的，而订金是要退还给用户的。
- 如果商户不能履约了，预付款退还是不退？
- 如果用户申请退款的额度没有超过尾款的额度，可以直接从尾款当中退还。
- 如果用户申请退款的额度超过了尾款，但还不到全额，要如何分摊两者的比例？
- 如果用户履约后申请全额退款，到底退不退预付款？

- 预售商品是否支持优惠券、折扣、佣金等体系？

对于产品功能设计来说，要确保满足所有场景下的用户需求，这样才能保证产品功能的全面性。

4. 可以促进需求评审时团队理解的一致性

需求评审环节是产品经理用来阐述自己的需求设计思路和结果的重要环节，也是需求从设计环节到开发环节的桥梁。需求评审可以起到承上启下的作用，如果在这个环节不能让相关方理解产品的设计思路，要么需要进行二次评审，要么在后续的开发测试过程中会出现很多待定事项。

在需求评审的开始阶段，首先要做的不是讲解具体的需求设计结果和功能点，而是要让参与评审的相关人员明确需求产生的背景，让大家知道需求的来龙去脉，这有助于大家建立初步的认知。关于需求的来源，要说明需求是从用户那里收集过来的，老板提出来的，业务部门提出来的，还是产品经理团队自己发掘出来的，这是确定目标用户。需求产生的过程是指需求是在哪些因素作用下产生的，这是确定时间、地点、任务等影响场景的要素。基于场景去讲解需求背景，更容易让人理解。

其次要让大家知道需求实现的价值。这时价值往往是预估的，若有相关的数据分析支撑，会更有说服力。价值能够量化的情况下要尽量量化，用相对科学的方式进行计算和预估；价值不能量化的情况下则需要进行定性的描述，说明实现的目标和完成的标志，让大家都清楚目标实现的意义。价值越大，实现的必要性越高。

要让团队快速理解和明白需求，最好的方式就是讲故事，而场景化特别适合用来讲故事。从产品定位到需求分析的过程，再到产品设计，讲一个完整的场景故事，这样团队理解起来就会顺畅得多。

用户案例和用户故事其实就是结合用户场景和使用实例讲故事。讲故事肯定比生硬的文字表述更生动，更容易让团队认知达成一致。

1.4 交互设计中的场景化思维

随着互联网产品的发展和演进，大家对交互设计和用户体验的关注日益增多，越来越多的人开始了解到"以用户为中心""以体验为导向""产品可用性"等新的设计观点。为了设计出适合用户操作和使用场景的产品，我们会运用大量的调研方法，如问卷调查、用户访谈、圆桌会议、可用性测试、分析数据和小组头脑风暴等，目的是找到用户的真实需求，并针对用户的需求来设计产品。

然而我们不能仅凭问卷调查的结果、照片记录及数据分析结果来评价一个产品的交互设计能否让用户满意，而更需要用一种直观、精练和易懂的方式来对产品系统进行分析和评价。因此基于场景化的设计方式开始被广泛应用，它以一种特殊的表达方式更加真实和形象地描述了用户和产品之间的各种关系，并帮助交互设计师在用户和产品互相依赖的过程中发现新的问题并迅速提出改进方案。

对于一些人们已经习以为常的功能或交互设计，本来可优化的空间已经很小，再加上大家会有惯性思维，就容易出现"差不多就是这样""差不多就行了"的现象。而运用场景化的思维去思考的时候，会从用户的操作场景、使用场景出发，穷举并分析用户可能会遇到的情况，进而进行针对性的模拟演练，最终给出解决方案。

举个例子，微信有一个控制新消息通知是否显示详情的功能，如图1-4所示。

图 1-4 微信"通知显示消息详情"的功能设置界面

这个功能的核心逻辑控制如下:

- 当打开时,用户接收到新消息通知后会显示发消息的人和消息内容;
- 当关闭时,用户接收到新消息通知后不显示发消息的人和消息内容,只提示"你收到了一条消息"。

大家一看就能明白,这个功能是用于隐私控制的,微信把隐私控制的选择权交给用户了。但这个功能是默认打开的,也就是说微信产品团队觉得默认状态下不需要进行隐私控制。

依照惯常的产品设计思路,肯定不会选择只提示用户有消息,那样的交互效果不太友好,而会选择当用户收到新消息通知时显示消息的缩略内容,默认让用户看到一部分。

但基于场景化思考就能发现,很多人在特定的情况下是不希望别人看到新消息的内容的,比如发工资时的到账提醒、涉及机密的商业对话、情侣之间的私密聊天等。在这些场景下,隐私保护是很好的功能。

通常的思维只会考虑实现功能的交互设计,场景化的思维会考虑实际生活场景当中的应用，后者更为细化，真正实现了来源于生活而又应用于生活。

在交互设计领域，基于场景化的设计理念很早就有了。这种理念强调将交互设计的重点从定义功能的操作转变为描述用户将在什么情景下如何使用产品。这种转变让我们能够更准确地把握用户和产品之间的连接，使产品能够更好地满足用户需求，也能提升交互设计方案和交互效果的合理性，提升产品的用户满意度。在后面的章节中，我们还会就相关的实际案例进行讲解和分析。

1.5 本章小结

现如今，受用户喜爱的产品都能在特定场景下解决用户的特定问题，这样才会让用户在特定场景下第一时间想到对应的产品，这也是将场景化设计应用到产品上的最大价值。随着移动互联网的发展，越来越多的产品能够在恰当的时间、恰当的地点将恰当的信息推送给需要的用户，这是未来移动互联网产品设计和发展的趋势。

产品设计的主要考量是用户和用户的需求，而场景、用户、需求三者是不可分割的，它们之间的关系是：用户在场景中，而需求是用户产生的。场景化设计的应用可以使产品定位更加清晰明确，可以使需求分析更加准确高效，可以使对产品设计的思考更全面，可以保证需求评审时团队理解的一致性。

第 2 章 ｜ CHAPTER

业务场景：互联网产品的发展根本

业务场景是指在现实生活当中客观存在的，或受一定因素影响衍生出来的，包含业务操作流程和信息传递过程的场景，也叫原生场景、客观场景。

业务场景与人们的生活息息相关，是能够满足用户生活需求的场景。比如与衣食住行、吃喝玩乐相关的生活服务、零售、房产、出行、旅游、文化娱乐等生活场景。另外新技术进步与互联网应用形态创新催生出一些融合线上入口、线下资源且能为用户提供真实体验的新场景，如 O2O 服务、AR/VR 技术应用、直播、短视频、智能出行产品、人工智能、可穿戴设备等。

业务场景是底层业务逻辑，用来支撑应用层业务模式的开展。因此，一个互联网产品若是没有业务场景，就像没有根的浮萍，无法长远发展。

2.1 探究互联网产品的业务场景

业务场景与生活是紧密结合的,能满足用户的生活需求和体验诉求。我们日常生活中常见的事物都有其业务场景,比如微信的核心是满足人与人之间沟通的业务场景,电商类产品是满足人们交易的业务场景。下面来探究业务场景的特点及应用举例与现状。

2.1.1 业务场景的 4 个特点

1. 与生活息息相关

业务场景来源于生活,又融于生活。正因如此,我们在分析产品需求的时候,"痛点刚需"往往指的就是业务场景,因为它是人们生活当中实实在在发生的、有需要的、可以满足的一种场景。比如我们统一认知的"衣食住行",很明确地说明了这些业务场景是人们的刚需,围绕这四个最基本的业务场景展开的互联网产品非常多。

2. 目标用户群体基数大

对任何一个产品来说,目标用户群体的覆盖范围决定了这个产品的市场空间。目标用户有 5 亿的产品与目标用户只有 500 万的产品相比,抛开消费能力和消费频次的制约,单纯从用户基数上看,前者的市场空间要大得多。而业务场景所满足的恰恰就是大多数人的诉求。市面上有些看似小众的产品运营得也很好,我们觉得它们小众只是因为我们对它们不熟悉,且习惯性地认为自己不愿意去了解的事物别人也不感兴趣,比如二次元,没有深入了解是无法估量它的市场空间的。

3. 需求量很大

因为业务场景与生活紧密相关，人们对它的诉求可以近乎用"离不开""上瘾"来形容。比如"食"，人不吃东西就会挨饿，而且随着物质生活水平的提高，人们已经不再满足于吃饱，而对享用美食这个业务场景的需求越来越大。

4. 实际存在或真实运作

当我们分析业务场景的时候，其"来源于生活"的特点就说明它已经在人们的生活当中发生了，只是我们早已习以为常，没有留意，才没能发现相关的事物或将其归纳总结出可以产品化的业务场景。比如外卖，其实是把我们日常的"打包带走"场景做了衍生强化，利用外卖小哥代为跑腿，省去了用户亲自跑去餐馆拿取食物的环节。优秀的产品经理要有很好的业务分析能力，通过观察身边实实在在发生的事物，来发现或分析出可以产品化的业务点。

2.1.2 业务场景的应用举例

以吃为例，吃东西的业务场景可以细分为很多种，如一日三餐、下午茶、夜宵、零嘴、健康、品质生活、美食地理等，传统的线下业务有餐馆、饭店、咖啡馆、便利店、超市、健康生活馆、网红店、特产店等各种各样的业务形态来满足细分场景。而到了线上，我们不再区分实体业务形态，而是用分类去区别不同的售卖服务。以美团外卖为例，其服务分类如图2-1所示。

线上业务的开展没有空间和时间上的限制，能更好地满足业务场景和用户的需要。无论是线下的各种实体业务形态，还是线上的各式分类服务，目的都是满足用户对"吃"的诉求，这种诉求都是由"吃东西"这种业务场景产生的。

第 2 章 业务场景：互联网产品的发展根本

图 2-1 美团外卖提供的外卖服务分类

再比如微信，我们都知道微信这个产品的核心功能是提供人与人之间的即时通信服务，而朋友圈、公众号等都是其衍生服务。那么微信的业务场景是什么？它满足了什么刚需呢？

人与人之间都是有联络的需要的，当两个人分开的时候，因为思念或者互通信息的需要，两人之间就会需要联络。古时候人们用的是飞鸽传书、信使传递等方式，到了近现代有了邮政寄信、打电话，但这些方式的体验都比较差，无法满足人们随时随地联系的需要。智能手机出现后，这种联系的体验得到了极大提升。

从点对点电子邮件到 QQ 即时聊天，从短信到飞信再到微信，核心都是解决人们联络的需求。联络的内容从文字、图片到语音再到视频，信息传递的方式和有效性在不断提升，什么方式更能满足人们相互联系的需求，就更容易抢占用户资源。

而与微信类似但不同期的产品，如 2009 年的"盛大有你"为什么没有得到用户的认可呢？这受应用开发技术水平、网络基础设施的完善性、智能手机的普及率等因素影响，2009年的时候相应的条件都还不成熟。所以我们在将传统业务场景、业务模式搬上互联网的时候，要考虑业务场景线上化的条件，只有条件成熟，才能使"互联网+"发挥出最大作用。

不管是"业务+互联网"，还是"互联网+业务"，各个行业都发生了很大的变化，互联网技术对各行各业影响深远，以前人们觉得不可能的钢铁线上交易、针织面料线上交易等都已经被搬到线上了。而在业务快速互联网化的过程中，我们的产品分析方法也在不断演进。

2.1.3　业务场景的应用现状

以前人们在设计产品的过程中会更关注产品功能和产品体验，很少关注业务场景。有些产品如昙花一现，归根结底，原因在于产品所提供的服务不能满足某种业务场景。而互联网发展到现在，似乎容易发现和分析出来的业务场景都已经被人做得差不多了，我们想要切入某个业务领域时，基本上都能在市面上找到同类产品，因此很多人觉得已经没什么机会了。但还是有很多业务场景尚未被人发现。我们一直在强调互联网产品要来源于生活，又融于生活，但真正能从生活当中分析出产品机会的人很少。

以电商行业为例，人们购物的业务场景一直都存在，只不过原先都是通过线下交易。电商产品从1997年左右开始发展，到如今很多电商产品的业务模式都有先行者尝试过了。假如现在让你做一款电商类的产品，不考虑产品功能，单纯从业务场景的角度出发，你觉得从哪个角度或哪种业务模式切入比较好？仔细想一下，是不是做电商产品的模式都被别人做得差不多了，好像没有什么方向可以切入了？做平台的有淘宝、天猫，做自营+商城的有京东，做垂直细分品类的更多，母婴、服装、百货等品类的电商产品已经很多了。虽然做得好的并不多，但给人的感觉好像好做一点的业务模式都被别人做完了。

然而，关注电商行业的人可以发现电商产品每过两三年就会诞生新的业务模式。早期主要将线下交易的场景搬到线上，这是人们购物的业务场景最基础的应用，这个时期各大电商产品主要在扩品类和搭建供应链体系；中期发展出以导购为主的业务模式，随着商品的数量越来越庞大，人们在购物时不知道如何选择，因此把购物时的导购场景搬到了线上；当下发展出以社交电商为主的业务模式，将导购的场景强化的同时，利用人与人之间的关系增强了用户对产品的黏性，因此把购物时的推荐购物场景搬到了线上。

可以发现，虽然电商产品的业务场景是购物，也在互联网产品应用中发展了这么多年，但仍然存在着与购物紧密相关的场景等待着被开发。我们在分析业务场景的应用价值时，不应只看到"点"，而要从"面"的角度分析，把一切与基础业务相关联的场景都找出来，就能发现同一业务场景新的应用点。

以上讲述的是已发现的业务场景可以产生新的应用价值，此外还有很多人在不断发现新的业务场景，在做一些你觉得不好做的场景。比如 B2B 业务，大家都认为很难做，但找钢网把钢材生意这种大宗交易搬到了线上；比如垂直细分领域，每个行业都有其特性，而这些特性无法用统一的方式进行管理和展示，所以你会看到即便是大的电商平台也在走垂直化的道路，如淘宝推出的服装馆、电器城、医药馆等垂直频道。越是垂直细分就越需要对行业所在的业务领域非常了解，三百六十行，目前还没有哪个平台可以通吃的，这说明空间还很大。

十年前，从传统行业进入互联网淘金的人，大部分享受到了互联网的红利；十年后，当你再想从传统行业进入互联网行业的时候，发现要比以前困难得多，但并不是没有机会。互联网发展到今天，互联网从业者回到本来熟悉的线下，也会发现手足无措，不知道从哪儿下手去开展业务，原因在于我们没有掌握分析和发现业务场景的方法。

我们要抓住业务的本质和核心，去发现业务场景，只有真正满足了人们的刚需，产品才能有一席之地，哪怕目标用户群体小众一点也没有关系。

2.2 分析业务场景对产品设计的作用

常见的业务场景离不开衣食住行、吃喝玩乐，随着生活水平的提高和生活方式的改变，基本的物质生活已经不是问题，人们转而开始追求精神生活和品质生活，诸如教育、健康、理财、保险、阅读等业务越来越受关注，当然还有其他一些满足人们精神生活方面诉求的业务场景。

当我们准备将一种传统业务搬到线上，或是发掘可以产品化的业务场景时，我们需要先对这种业务场景进行分析，找到业务开展的特殊性，抓住用户在业务场景中的痛点和刚需，然后结合技术实现手段有针对性地进行产品业务模式设计和功能设计，这样才能设计出用户喜欢的产品。这里举例分析一些常见的业务场景及其对产品业务模式设计所起的作用。

2.2.1 生活服务场景

衣食住行都是生活服务场景。以解决温饱问题为例，最初人们对这种业务场景的诉求是吃饱穿暖，到后来开始追求吃得好、吃得健康等注重生活品质的方式，在同一种业务场景下，人们的诉求随着生活环境和生活水平的改变在不断变化，不同人群的分层现象较为明显。

现在不再是物资匮乏的年代，而是普遍供大于求，可供选择的商品太多，不再是简单地把商品挂在网上就能产生销售额，而是人们在面临众多选择时不知道如何挑选。所以你的产品必须能帮助用户**解决挑选商品的问题**，这才有了点评推荐、网红导购、穿衣搭配等社区类场景化电商产品的生存空间。这类产品不是简单的导购，而是在导购的基础上结合了人们的生活场景、消费诉求、价值主张等因素。场景化电商的魅力在于利用场景激发用户潜在的购买欲望，促使用户做出购买决策。

导购类产品需要重点解决内容展示和转化的问题，在业务模式设计上，要着重考虑内容如何与商品销售相结合；在产品功能设计上，需要特别重视内容的展示和阅读、阅读后的购买转化这两个环节的体验。如图2-2所示，买手推荐类产品注重的是信息的展示和消费的引导。

图2-2 买手推荐类内容导购型的场景化电商产品

图 2-2 (续)

在吃饱穿暖已经不成问题之后,人们就会开始追求吃好穿好,于是会有更多个性化的需求,会开始注重品牌,会注意健康养生,会彰显自己的与众不同。这才有了个性化定制、轻奢、严选等产品类型,它们注重的是品质。人们生活水平的提高和消费能力的提升带来了消费升级,人们不再满足于吃普通餐厅,穿普通衣服,这才有了网红餐厅、特色烹饪、国潮品牌、轻奢盛行的消费场所,也催生了一批提供类似服务的线上产品。

强调个性化的电商产品实际上更注重商品的品质或服务的质量,对供应链的要求会比较高,"货好价廉"永远是电商产品的核心竞争力;功能反而不是主要的,能实现线上购买流程加上一些营销的功能就足以应付。比如服装定制类电商产品,线上提交订单只是开始,后续的量体裁衣、配送试穿等环节的体验才是核心。如图 2-3 所示,垂衣的产品只是公众号和小程序,用来接收线上订单,核心的服务并不在线上提供。这类产品在设计时要解决好基础的交易流程和后续服务兑现各个环节的跟踪,让用户能够清晰地知道被服务的过程。

再比如出行的业务场景,从交通工具到交通方式,人们对出行的掌控力在加强,自然而然地,个性化、舒适、优质服务会成为首选。以前没法想象直接在网上买汽车,现在甚至可以在网上个性化定制汽车，在可选的范围内按零部件选好之后，整车会按消费者的要求来安装配置。大件商品的线上化购买，很大程度上说明人们对线上购物的安全环境已经比较放心，线上购物的体验在某些方面超过了线下。这也说明在新制造的趋势下，互联网已经开始深入影响商品的生产环节，以前更多是服务于商品的销售环节。

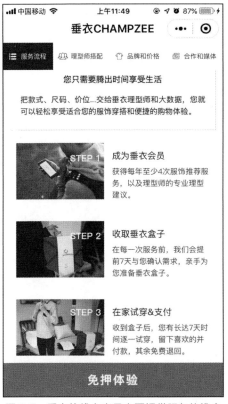

图 2-3　垂衣的线上产品主要提供服务的推介

人们出行的最主要方式是公共交通，虽然这个领域因为行业的特殊性，民企很难介入，但在一些边缘方向，如公交信息实时同步方面，也有一些公交到站时刻、公交线路选择与导航类产品。而在打车行业，网约车的出现打破了用户以往对出租车的认知，从用户的角度来说，不管是共享汽车、快车还是顺风车，核心业务场景是出行，虽然还存在监管和安全风险，但随着技术发展和用户使用习惯的养成，网约车会越来越被用户认可和接受。

网约车产品要满足出行的业务场景，核心是供给与需求的匹配。传统出租车公司的调度作用是让有打车需求的地方出现足够满足打车需求的出租车，所以火车站、汽车站等地方会有源源不断的出租车进去揽客。网约车产品的设计难点也是调度算法，比如对于某个区域集中出现的打车需求如何通过快速调度来满足，需要多少车辆才能既不浪费又能保证用户都能打到车，等等。每个城市的车辆投放数是要经过严格测算的，调度算法越好，需要固定投放的车辆数越少。

租车领域是比较有发展空间的，目前由于城市拥堵和停车位紧张等问题得不到有效缓解，购买私家车不一定是满足出行需求的最好选择，偶尔的用车诉求可以被租车类产品很好地满足，且能够实现个性化定制，只不过目前受制于较高的运营和维护成本，租车价格不够亲民。

基础生活服务业务场景的发展和演化催生了新的产品业务模式，影响着产品逻辑的设计。产品要想很好地服务于业务，需要结合业务场景的特性进行设计。

2.2.2　物品交易场景

生活当中的物品交易也是刚需的业务场景，线下实体的购物中心、连锁超市、便利店，线上的平台电商、自营电商、社交化电商等，包括新零售，它们所提供的服务从实体的生活用品消费扩展到虚拟的服务消费，如生活缴费、休闲娱乐、工作技能、个人时间等。

从 B2C、B2B、B2B2C 发展到 C2B、S2B2C，用户的诉求在不断变化，越来越追求个性化、越来越"懒"的用户让零售链条上的各个环节都有了产生专业化产品的空间。从生产到批发、零售，链条在缩短，连接变得直接，中间环节越来越少，各个产品之间比拼的是招商和供应链的能力，功能上已经相差无几。从个性化定制到租赁、共享、二手物品交易，业务模式不再局限于买卖，衍生出来的场景使产品形态变得丰富，在个性化层面上使用户体验得到极大提升。

租赁场景解决的是短期使用、无须长期持有，或商品价格高昂、一时消费不起的问题。对于奢侈品，一般人消费不起或不愿意消费，但的确有需要使用的场合，这时短期租赁使用不失为一种很好的方式。市面上也出现了一批奢侈品租赁、高端礼服租赁的产品，这类产品重点要解决的是租赁流程和归还流程的体验问题，功能上要以提供贴心的服务为主，比如可以提供上门取件服务。

此外，对于一般用户而言，数码产品的消费也属于大额消费，有的数码产品（如单反相机）在智能手机普及之后使用时间被严重压缩，有的本身就只被低频使用，因此需要的时候租赁使用也是个好选择（见图 2-4）。对于企业用户而言，办公电脑虽然属于固定资产，但折旧是一笔不小的成本，租赁的方式相比采购成本会小很多，因而特别适合资金并不充裕的创业公司。

图 2-4 数码租赁的模式可以灵活地提供日租/月租服务

租赁模式实际上还解决了先试用后购买的问题（见图 2-5）。线上不同于线下的一个关键问题是用户在购买前不能看到实物，而先租后买，试用满意后才交易，不满意只需要缴纳部分租金的模式很好地解决了这个问题。3D 试穿、AR/VR 模拟等技术在一定程度上能辅助用户做出购物决策，但肯定比不上用户的亲身体验，因此提供租赁服务的产品普遍支持喜欢可购买的功能。

图 2-5　先租去试穿，喜欢了再买

闲置的二手物品交易也是普遍存在的场景。人们对于闲置物品的处置态度发生了较大变化，以前是以物易物，现在变成以物易钱，不过一般人意识不到折旧的成本，或者根本不把闲置物品当回事。所以出现了两类模式：用户不知道如何利用二手物品的，就会有回收类产品上门回收，回收以后经过处理转变成新的交易；用户知道如何处置的，也有二手物品置换交易平台，让用户自己在线上完成交易。这类产品要解决的核心问题是二手物品价值估算和买卖双方在交易后的服务保障。图 2-6 所示为线上的二手交易平台。

图 2-6 转转二手交易平台支持的二手物品分类

由电商业务场景演变而来的线上租赁和二手物品交易场景与电商模式有相似之处，但又有自身的业务特性，产品经理要基于这些业务特性设计业务流程和交易流程，才能使业务更好地在线上开展。

2.2.3 受教育场景

不管是通用知识还是工作技能，人们对于受教育的需求一直存在，只不过人天生都是有惰性的，如果主观意愿不强，受教育是被动的，就容易让人产生抵触心理。但这并不足以对受教育场景造成太大影响，可以看到受教育的市场规模越来越大。

知识付费的春风已经吹了好几年，用户接受度在逐渐养成，关键在于线上内容和线上的学习流程能否提供有效的学习效果。

在线教育产品不容易做，至今行业内也没有哪个巨头形成了绝对领先地位。已经进入行业的，大家都还在深耕各自的领域，期待行业成熟、产品爆发的那一刻。准备进入行业的，都在寻找一个比较好的切入点和突破口，希望站在前人的肩膀之上，让自己少走弯路。

从场景设计的分析角度，在线教育产品要解决以下两个核心问题。

（1）内容取胜还是产品功能取胜

教育很大程度上取决于内容，没有内容的产品最多只能起到辅助的作用，就变成了工具。所以说在线教育类产品是内容为王的，有了内容才有学习的对象。那么在线教育产品真的就只是靠内容取胜的吗？为何不直接卖光盘或 U 盘？

举个简单的例子，对于同样的电影或电视剧，如果有多个网站都提供了免费观看的服务，任何人都会选择流畅的、清晰度高的、广告少的网站。如果可以选择，用户肯定会选择体验最好的网站，比如操作顺畅，注册简单，观看方便，有收藏、断点续看、快进、截图等功能的网站。

内容确实很重要，但对于线上产品来说，功能同样重要。在研发的时候两者都要考虑，在营销的时候可能会更关注内容。

（2）学习效果重要还是盈利模式重要

对于学习这件事，用户肯定是为效果付费的，这是大家都知道的。但学习效果是产品最末端的衡量环节，且没有标准化的衡量方法，有个说法叫作"师傅领进门，修行在个人"。所以有些产品不顾学习效果，迫于营收的压力，会更倾向于在前期的使用推广阶段就进行付费。

任何公司都是要追求利润的，这无可厚非，但做教育需要有一点责任感，用户学习之后有效果，产品才会有口碑。在信息传播速度飞快的今天，一旦出现了差口碑，很快所有人都知道了，产品再想从头开始，是一件很难的事情。因此"互联网＋教育"的产品既需要考虑好的营收模式，也需要考虑学习效果。

用户、功能、盈利三个方面都与产品设计息息相关，在设计前就要考虑好当前产品以哪一方面为主进行设计。

以上只是举例分析业务场景对产品设计的帮助，而每种业务场景衍生出的产品模式都不一样，后续还会讲到分析方法。

2.3 传统业务互联网化需要注意的问题

随着产业互联网的兴起，互联网开始和形形色色的传统行业相结合。随着大数据、人工智能、区块链技术的兴起，我们甚至迎来了价值互联的时代。不过传统业务的互联网化远远不是将业务从线下搬到线上那么简单，这仅仅是把互联网当成降低成本、提高效益的工具和渠道，并没有用互联网去中心化，自上而下地重塑所在行业的价值链，从而带来新的业态、新的商业模式。因为互联网不仅是技术、平台层面的事物，也是管理和理念方面的新兴事物。

"互联网＋"经济模式的火爆让很多传统行业开始主动拥抱互联网。我们将某个行业或某类业务冠以"传统"字眼，这说明这种业务场景必然是真实存在的，而且在线下发展得很成熟。不过不同行业有不同的特点，其业务发展的成熟度、技术水平、营销水平等也是不一样的。一般来说，传统业务做互联网产品可以多从以下三方面考虑。

1. 业务标准化程度是否够高

对于标准化大家一定都不陌生，我们在日常交流中也会提到"标品和非标品""标准化行业和非标准化行业"等，毫不夸张地说，业务的标准化程度决定了其信息化程度，而信息化的程度是业务能否互联网化的重要衡量指标，因为线下业务搬到线上必须先经过信息化处理，计算机才能识别。

标准化一般包含以下两层意思。

一是产品本身的数据化定义能力，也就是信息化的能力。数据化定义能力是指产品的参数或属性能够在多大程度上以数据的形式定义出来。互联网传输的是信息，而数据是信息的重要展示形式，产品参数标准化程度高的行业更容易通过数据进行产品的量化表达，匹配互联网的数据传输能力。这样，产品的各种可量化指标被直接展示，用户就比较容易做出购买决策。

比如服装可以分类，根据不同的维度可以分成上装、下装，也可以分成男装、女装。另外服装还有很多属性，比如颜色、尺码、风格、流行元素、领型、袖型、修身程度等，这些分类+属性可以唯一定义某件衣服，使其在线上具有很好的可识别度。

很多行业都有国家标准，也有行业标准，对产品的标准化参数进行定义和描述，使行业内的产品可以规范化生产、组装。

二是产品是否具备可被标准化的能力，即对于非标准化产品，是否可以通过二次加工、二次包装的形式将其标准化。并不是所有的产品都能被数据化定义，很多产品并没有容易被量化的参数，但是由于生产能力提升带来产品本身的标准化，使得这些行业同样适合互联网化改造。

比如肉类中的牛排，可以按不同部位、不同克数确定牛排的定价标准；再比如蔬菜水果类，通过二次包装将重量统一，或者切成果盘按份销售，都是可量化的标准化过程。

2. 业务的消费周期是否够短

消费周期是指用户从提出需求开始，到完成交易，直至最终体验结束的时间长度，这中间包含用户浏览、决策、下单、支付、获得产品或服务，最终体验产品或服务等环节。为什么说消费周期短的业务更适合互联网化呢？

在互联网时代，用户体验及口碑变得极为重要，因为互联网的低成本快速传播特性使用户体验的扩散变得十分容易。用户体验的口碑传播结果，既是此消费周期的结束，也是下一个消费周期的开始。在一定的时间内，消费周期越短，获得用户反馈口碑的速度就越快，用户的口碑传播次数就会越多，互联网的传播特性能够最大限度地放大用户体验对产品销售的影响。

对于用户体验好的产品营销，传播次数的增加可能带来几何级的增长；而对于用户体验差的情况，传播次数的增加反而是灾难。也就是说，互联网对于营销速度和范围的放大能力会在业务线上化的经营中大显身手，因而消费周期短的业务更适合于互联网化。

消费周期短的业务应该重点利用互联网的口碑传播能力进行营销，在固定的时间内提高商品的周转效率。在确信用户已经使用你的产品并且获得良好的体验之后，应该思考的是如何引导用户用互联网的方式将这种良好的体验轻松地传播给潜在用户，而不是坐等用户传播。

3. 业务所在的行业是否存在供大于求的情况

供大于求的情况说明行业内产能已经过剩，这时候销售渠道的建设就会变得很迫切；为了降低生产成本，供应链流程的优化也很有必要。而互联网在解决信息不对称、优化连接的能力等方面具有优势：能够开拓新的销售渠道，打破时间和空间的限制，缩短供应链流程；能够消除买卖双方信息认知的差异，促成交易。

如果是供不应求的情况，产能是主要问题，而互联网对生产环节的干预并不能提升生产效率，贡献有限。即便是新制造，强调的也是个性化的生产方式，把过剩的产能利用起来。互联网的核心优势还是在于低成本快速传递信息的能力。

从经营的角度来说，供大于求的情况下更易促成转型。在供不应求的情况下，企业经营良好，尝试新模式的动力就不足。只有在发展遇到阻力的情况下，企业才会被迫尝试新事物，希望打开新局面。当下许多行业都面临产能过剩的问题，导致企业经营普遍遇到障碍，赢利变得困难，推动了很多传统企业进行新模式的探索，而互联网刚好成为较为理想的转型道路。

例如，B2B类促成交易的平台产品建立了供需双方直接联系的平台，可以越过很多中间商环节。

并不是所有的业务都适合互联网化转型，当然也有可能只是当前阶段不适合，随着生产技术水平的提升，新材料的发明应用，相信会有越来越多的业务适合互联网，产生新的"互联网＋"经济模式。

2.4 辨别和分析业务场景

生活当中，我们其实每天都在接触各种业务场景，有些是线下的，有些是线上的。可能已经习以为常的缘故，大部分业务场景我们并没有注意到，直到用到类似产品或在亲朋好友向我们推荐该类产品时才意识到，原来这种业务场景已经被线上化了。

业务场景的辨别和分析需要观察业务发生的原因、过程和结果，当我们习以为常的时候，我们是意识不到业务发生的原因的，而往往针对原因的分析才能辨别业务场景。生活中我们偶尔的闪现、不经意间的灵感、突然意识到的点子等，基本上都是发现了某种业务产生的根本原因，而且我们对其发生的过程和结果又是熟知的，就会觉得这件事有转化成互联网产品的潜质。

2.4.1 辨别现实场景和虚构场景

业务场景一般分为现实场景和虚构场景两类。现实场景是能真实触发的、存在于我们的生活当中、可以被还原的业务场景。这里就存在前面阐述过的问题，因为我们已经习惯了，所以很多现实场景会被我们忽视。有人说，优秀的产品经理要具备极强的生活观察能力，要保持好奇心，要能刨根问底。确实，上述能力对于发现生活当中的现实场景是有很大助益的。

虚构场景是虚拟现实的，模拟某种向往的生活或者娱乐方式，是设计出来的。比较容易理解的是游戏当中的场景，不管是武侠、战争还是养成类的游戏，都是设计出来的，为了满足人们某种娱乐方面的需要。这种场景强调创造性，重新定义玩法规则，让用户根据设定好的规则使用，如果可玩性和用户体验足够好，用户就会沉浸其中。

不管是现实场景还是虚构场景，其互联网产品化的条件都是用户在这种场景下的线下需求和线上需求是相通的，区别在于满足用户的方式，以及能为用户提供多大程度的体验提升。我们常说要换位思考，要把自己当成小白用户，这就是说要设身处地地从他人的角度看待和分析场景。

比如智能手机就是现实场景和虚构场景相结合的产品。创造性的交互体验给手机带来了很大的革新。手机的现实场景真实存在，语音通话满足了人们沟通交流的需要，而由此演化出的视频电话在更深层次上满足了用户的诉求。手机与手机操作系统结合后，丰富的手势操作、即时的触屏反馈机制、创新的指纹、人脸识别解锁等虚构场景提升了用户的使用体验，让用户感受到使用手机的便捷性。

2.4.2 辨别宏观场景和微观场景

宏观场景强调业务场景里的核心业务主流程，代表着产品的核心需求。我们在设计产品的时候很容易跑偏，功能越做越多，模块越来越颗粒化，产品线越分越细，到最后变成了各自为战，偏离了核心业务。这种情况就是宏观场景没有把握住，产品做着做着就渐渐忘记了宏观场景。

微观场景强调业务环节的细化，是在宏观场景下，把核心业务流程当中各个环节的业务进行独立设计，使各个环节所提供的服务更完善。但需要注意的是，如果微观场景设计得过于独立，就会出现上述偏离的问题。每个场景都是有其独立性的，而对于独立程度的把握需要时不时地回过头审视一下，微观场景不足以支撑起独立完整的业务。

我们经常讲的主流程和子流程就有点类似于宏观场景和微观场景。我们要定义清楚微观场景在宏观场景里的定位和作用。比如电商业务流程中的线上支付环节，它的作用是让主体的下单流程能够在线上完成，基于业务模式将其实现即可，如果在B2C的模式下再封装一个聚合支付的功能,就有点偏离了。除非产品线众多,所有产品线都使用统一的聚合支付。

2.4.3 业务场景的分析步骤

前面说过业务场景有产生的原因、过程和结果,分析业务场景要找到其产生的原因,才能抓住其本质。但我们在分析时只能从结果出发,看现实生活中正在发生的事情影响了多少人,或某种理想中的生活是多少人所向往的。需求离不开用户,因此我们在分析业务场景的时候,要从用户的角度下手。

首先,基于满足用户需求的流程,分析用户规模和黏性。

我们经常说某某业务功能满足了一类人的需求,这类人就是要分析的对象。直接观察和找寻业务场景是很难的,但观察身边人在谈论什么、在做什么、在想什么,则要容易得多。越多人在想、在做、在说的事情,越容易成为新的业务场景。即便是追剧,我们也可以分析一部剧为什么受众这么多,它引起人们的哪些共鸣,它有哪些特点,等等。当你层层剥开时,就能发现其中蕴含了很多有价值的信息,比如时间、地点、传播方式和受众群体的画像等。记得电影《芳华》大火的那一阵,受电影内容的影响,很多人对那个时代的生活场景产生了兴趣。在电影上映后不久,朋友圈出现了一款根据人像照片生成旧军装照的产品,很符合那个时代人们的穿扮(见图 2-7)。用户可以体验一下虚拟的生产场景,看看自己穿上军装的样子,再加上产品的使用路径很短,用起来很简便,短期内就在朋友圈刷屏了。

不过上述产生刷屏现象的产品很快就过气了,因为用户在体验之后就会失去新鲜感,产品的用户黏性比较差,这种业务场景只能维持很短的热度。所以我们在分析用户的时候,要先看用户规模,越多人对同一件事感兴趣就越好;再看用户黏性,使用黏性和频次就是重要的考量指标。

其次,由结果往前推导出过程和原因。

找到用户需求满足的考量指标之后,就需要还原需求的满足流程。正常的流程都是由原因到结果,这里我们要反其道而行之,由结果去还原过程和原因。对于目标用户来说,业务场景的作用结果是顺其自然的,接受度肯定不成问题。在这种情况下,基于用户的主观意识角度去调研分析并不能联想到原因是什么,我们只能刻意分析,发掘那些我们早已习以为常的情景中潜在的新业务场景。

图 2-7 只要上传个人照片就能生成各个年代军装的照片

比如观察到身边越来越多的朋友、同事下班后喜欢买晚餐并打包回家吃，如果你的第一反应是这件事再正常不过，那么说明你已经习以为常了，很难抓住这个现象进一步分析。如果你觉得这个现象很有趣，并准备花点时间思考其背后的原因，那么恭喜你，你可能可以抓住某个业务场景了。

对于用户来说，不管是打包还是堂食，等待的时间是一样的。打包带回家吃的原因可能有很多，比如环境、便捷性、时间等因素，如果发现有很多人都打包带回家吃，说明诱因强度较高。对于商家来说，烹饪的过程是一样的，除了打包餐盒有一点点成本以外，反而提升了单位空间的翻桌率，好处多多。双方都乐于接受的情况下，这种业务场景就有较好的产品化空间和潜力了。现在各种外卖类的产品就实现了类似的业务场景，这是典型的由结果还原过程和原因的推导方式。

最后，基于找到的业务场景提炼出宏观场景和微观场景。

任何场景的实现都需要提炼出宏观场景和微观场景，从而避免过度设计，并且都应该梳理出主次需求，制定优先级，快速验证线上化之后的产品能否被用户所接受。核心业务主流程梳理出来之后，这只是完成了业务场景的框架结构，还需要对每个环节进行细化。

细化的过程要解决两个问题：技术实现的可行性及如何用最优最快的方式实现。现在应用得比较多的MVP流程设计模式也对主流程的实现进行了约束，以避免主流程的过度设计。

另外需要明白的一点是，即便线下需求和线上需求是一致的，但如果体验不一样，用户接受度仍旧会不一样，所以才需要快速上线，快速验证。比如租房中介类产品，带人看房这个微观场景始终不能用线上的方式较好地解决，即便是用智能门锁的方式，体验度也要比真人带着看房差很多。类似的场景还有超市或线下门店的导购，3D 或 VR 技术的体验度想要追赶真人，还需要发展一段时间。

2.4.4　潜在的业务场景分析

一般将潜在的业务场景定义为潜意识或下意识里接受的场景，更注重对用户心理活动的把握。如《人性的弱点》《影响力》《乌合之众》等图书中描述的那样，在人们的日常生活中，有很多潜在的业务场景。这些潜在的业务场景基于人性的把握和分析，虽然不够明确，但对于特定的人群来说是真实存在的。对于这类场景，可以通过产品设计的手段让潜在的需求变得明确。

比如"无聊"这种潜在的场景，基本上每个人都会有觉得无聊的时候。这个时代越来越智能化，很多事情通过操作手机，足不出户就能够解决了，从而节约出来大量的空余时间。人们还没有想好如何打发这些时间，为了不让这些时间变得无聊，帮助大家打发时间的业务场景应运而生，比如娱乐、学习、郊游等。

需要注意的是，虽然这些方法和分析步骤可以帮助你找到业务场景，但这只适用于一时或者某个时间段，因为业务场景是会变化的。随着社会的发展、技术的进步、大家的认知提升等，业务场景也在不断变化和演进。所以，当你突然灵光一现、脑子里蹦出个好点子的时候，一定要及时抓住，不然等着等着这个点子的价值就不复存在了。

2.5　本章小结

本章主要介绍业务场景。业务场景和人们的生活息息相关，是能够满足用户对生活需求的场景。它有 4 个特点：与生活息息相关；目标用户群体基数大；需求量很大；实际存在或真实运作。业务场景分析对产品业务模式设计有很关键的作用，无论是旧有业务场景的发展和演化，还是新的业务场景，都影响着产品逻辑的设计。产品要想很好地服务于业务，需要结合业务场景的特性进行设计。传统业务在进行互联网转型时，需要重点分析业务场景的三个方面：业务标准化程度是否够高；业务的消费周期是否够短；业务所在的行业是否存在供大于求的情况。

知道业务场景后，我们就需要了解用户如何在业务场景的基础上实现诉求，这就会涉及用户场景的研究，我们将在下一章介绍。

| 第 3 章 | CHAPTER

用户场景：围绕用户解决核心诉求

　　用户场景是指用户在不同时间、地点、环境下引发的不同心境、行为或需求，其实就是指用户在某个环境中会触发并完成某个任务。从产品设计的角度来说，一般用户场景分为用户操作场景和用户使用场景。用户操作场景侧重于时间和地点，指用户会在什么样的时间和环境下操作产品功能，考量的是操作时的约束；用户使用场景侧重于人物和任务，指用户会在什么样的情态下完成什么样的任务，考量的是用户行为产生的动机。

　　用户场景其实可以分为"用户"和"场景"，首先从用户本身的各种属性分析用户画像，其次从场景的角度分析什么时间什么地点用户在做什么。我们在设计产品的时候，先接触到的是用户需求，之后才会将其转化为产品需求，这个过程中很容易忽略用户场景。用户场景分析是围绕产品目标用户群体的特性，找出所有影响因素和可能产生的用户需求的过程。用户场景分析有助于我们理解用户需求，很多时候用户需求都是单点的，相同的用户在不同的环境中会产生不同的需求，不同的用户在相同的环境下也会产生不同的需求。

3.1 定义用户场景

在汽车出现之前，你要是问用户最想要什么，用户会说，想要一匹跑得更快的马。用户的需求似乎是要一匹好马，但实际上转化成产品需求时，会发现其实用户需要的是更快的速度。通过分析用户场景，可知用户只是想比别人的马或者马车跑得更快，马或者马车不是产生用户需求的原因，"跑得更快"才是。这个例子大家都听说过，但我们要仔细思考一下这个例子中的用户场景，以及产生这种现象的原因。在我们获知用户场景后，汽车就不是唯一能满足用户需求的产品了，而是变成了其中的一种选择，火车、飞机也能满足"跑得更快"的诉求。

用户的认知水平和场景局限性会影响其对需求的认知，这也是用户很多时候无法准确提出需求的原因。这就需要我们辨别用户需求的真伪。在以用户为中心的设计模式下，我们需要了解用户，多倾听用户的声音，而在基于用户场景的产品设计模式下，我们还需要分析环境的因素和用户自身的情感因素。

我们常说的换位思考是指要站在他人的立场上思考问题，虽然很难（因为我们无法确切地知道用户当时所处的环境和情感因素），但这是一种非常人性化的思考方式，能为用户带来更好的体验。那我们应该如何定义用户场景呢？

可以借鉴 UML 用例描述的方式，把用户场景当成用户故事

（User Story）来描述。好的用户场景定义方式就是讲述一个故事，某个用户在某个环境中完成某个任务。这个故事只求准确描述，不带目的性，要包含如下信息：

- 故事是完整的，有人物、时间、地点和需要完成的任务；
- 故事中要包含用户当时的心理活动或想法，即当时用户处于什么环境；
- 故事中不存在需要解决的问题，也就不需要给出解决方案；
- 故事中有用户要去完成的任务，这个任务是用户真实的需求。

有了以上 4 点信息，所描述的故事应该比较完整，已经能够反馈出足够的信息了，并且这些信息是没有经过二次处理的。以此为参照，团队就可以围绕这个故事讨论产品能在其中做什么，能起到什么作用。

以购买电影票的场景为例。小明是某互联网公司的交互设计师，有丰富的移动互联网产品使用经验，平时对艺术和一切唯美的事物都有浓厚的兴趣，尤其喜欢看电影。周五下班，小明想去电影院看最近很火的一部新片，不过那时去电影院排队买票的人肯定非常多，她想起之前安装的一款手机 App 支持在线买电影票和选座。在周五下班去电影院的路上小明就买好了晚上的电影票，挑了喜欢的座位，在线支付了票款，而且还有 8 折优惠。小明轻松地享受了精彩的电影，度过了一个愉快的周五之夜。

这是一个相当完整的用户场景故事，基于故事提供的信息，我们可以组织一场头脑风暴，把故事当中存在的微观场景都列举出来，并讨论是否可以进一步补充完善。可以根据自己在购买电影票时发生的场景进行列举。头脑风暴的过程中不做褒贬的评判，只求穷举。故事当中用户要购买电影票，需要完成以下 4 步。

第一步：选择影院和电影。

- 要搜索并找到影院，有找附近的影院和找不一定是附近的影院的差别，那就要有根据手机 GPS 定位找和关键词搜索的功能，根据地区－商圈逐级筛选影院及各影院的评分。
- 找过一次之后，如果记住用户最常去的影院，体验会不会更好？
- 查看上映中的电影列表及用户评分。
- 如果没有用户喜欢的，提供影院排期的预告电影列表给用户查看。

第二步：选座位。

- 系统自动推荐最佳位置。
- 显示座位图供用户手动选择。
- 可选、不可选、已选的座位用不同的颜色表示。
- 购买多张电影票时只能选择相邻的座位。
- 允许用户犯错，提供一次修改座位的机会。

第三步：在线支付。

- 系统内余额支付。
- 支付宝等第三方支付方式支付。
- 信用卡快捷支付，信用卡、储蓄卡正常支付。
- 限时提供现场付款，比如下单半小时内。
- 营销工具抵扣，如积分、红包、优惠券。

第四步：取电影票。

- 电子票，直接出示即可进场。
- 凭手机短信或者应用内信息现场换票。
- 将电影票快递至用户手中。
- 自行打印电影票的条形码，现场通过取票机取票。

- 提前一个小时可以退票。
- 到影院服务台报手机号码取票。
- 到影院刷身份证信息取票。

通过以上分析过程,我们列举了购买电影票过程中每个环节用户可能发生的场景,最终根据产品的定位,把握住购买电影票的宏观业务场景不变,对微观场景中的各个场景进行取舍,就可以开始初步的产品设计了。有了基本的操作流程和原型后,可以找用户进行可用性测试,这比抽象的概念设计和理论分析强。

综上所述,结合用户场景分析的产品设计过程如图3-1所示,先确定好目标用户群体,根据用户所处的环境,用写故事的方式把所有可能发生的场景都列举出来;然后通过产品设计方法满足这些场景;最后拿着设计方案去向用户求证。不断循环进行这个过程,就可以让产品变得越来越完善和易用。

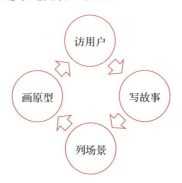

图3-1 用户场景定义的流程是一个循环

再比如平时和三五好友一起出去吃饭,当大家都纠结该去吃什么的时候,你会拿出手机看一下美团或大众点评上的各种风格的美食排行,看看其他用户的评价,然后再和朋友一起商量决定去哪家餐馆吃饭。这也是个很典型的案例,这里的场景分析可以帮助改善美团或大众点评的用户使用流程和操作流程。

3.2 用户场景分析的四要素

假如让你列举一下你自己一般会在一天当中的哪些时间段打开微信，此时的你就是用户，你可能会列举出如下一些时间段：

A1，早上起床之后

A2，上班路上

A3，中午吃饭休息时间

A4，下班路上

A5，晚上睡觉前

不同的时间段使用微信的场所一般是不一样的，又可以列举出来：

B1，在洗手间

B2，在公交车或者地铁上

B3，在办公位上或公共休息区

B4，在公交车或者地铁上

B5，在床上

在不同时间段不同地点打开微信所做的事情是不一样的，还可以列举出来：

C1，刷朋友圈

C2，看订阅号的最新内容

C3，看看各个群有没有感兴趣的内容

C4，看订阅号的内容

C5，刷朋友圈

以上的列举中，把数字相同的三条信息串在一起，就构成了一个完整的用户场景。例如，A1+B1+C1 表示某人早上起床之后在洗手间刷微信朋友圈，A2+B2+C2 表示某人上班路上在地铁上看微信订阅号的最新内容。

像上述例子当中把用户使用微信这个产品的一些场景列举出来，就构成了使用微信的用户场景。从单一产品的角度来说，用户场景就是用户在使用该款产品时会发生的场景。

"用户"好理解，当我们要描述一类用户时，会从很多维度去定义，比如年龄、性别、职业、爱好、收入水平等，通过用户画像的方式将一类用户的特征描述出来。

通过上面的举例不难看出，场景其实就是 Who+When+Where+What，即什么人什么时间在什么地点做什么事情。

基于以上分析，得到**用户场景分析的四要素**如下。

- **用户**：产品的目标用户群体越垂直、越精准越好。
- **时间**：用户可能会使用产品的时间。
- **地点**：用户可能会使用产品的地点。
- **任务**：用户会使用产品来达成什么目的，需要哪些步骤的操作。

3.2.1 用户要素

产品设计领域有一条很重要的理念是"以用户为中心"，我们在分析需求的时候也是从用户需求出发，将其转化为产品需求。用户这个要素至关重要，产品功能其实都是围绕用户设计的。没有用户的因素，其他要素不能产生作用，无法形成场景，因此**用户是用户场景里的第一要素**。

把产品目标用户群体的真实需求、关注点和他们的期望结果都分析出来，根据主次和优先级，分阶段将产品设计出来，才能切合用户场景，满足用户的需求。

当下有很多产品都实现了用户截屏操作抓取的交互功能，当用户在使用产品的过程中截取当前屏幕时，产品会猜测用户可能遇到了问题，需要反馈给产品。这时，产品会向用户提供一个快速反馈的通道，以符合用户当时的使用诉求和场景，这样用户体验会很好。图 3-2 所示为当用户进行操作截屏时钉钉给出的下一步操作提示。

图 3-2　钉钉的截屏操作交互提示

3.2.2　时间要素

时间要素较容易被忽略，但很多时候它对用户场景会起到决定性的影响。比如上班族在上班路上通常是比较匆忙的，能使用产品的时间不多，要想用户在这个时段使用产品，那么产品逻辑是需要重点考虑的。

比如支付宝蚂蚁森林的能量收取功能，大部分能量的可收取时间集中在早上 7:30～8:30，让用户在这个时段打开支付宝收能量，虽然时间不长，但确实会占用宝贵的几分钟时间。这样的效果对于非内容型产品来说已经很好了。

再比如现在地图类产品普遍都提供了实时路况的功能，这让笔者养成了一个习惯：准备开车出门前都会先看一下路况，如果路况不好，要么改乘公共交通工具，要么晚些出门。出门前查看路况的几分钟就是笔者使用地图类产品的特定时间。

3.2.3 地点要素

基于地点的场景设计在地图类产品中应用较多，获取到用户的当前位置或目的地位置之后，可以推荐周边配套的生活设施、优惠信息等。

地点要素还有一种应用是基于地点的特性考虑产品设计。还是以上下班的场景为例，公交车和地铁上往往比较拥挤，用户一般只能单手操作手机，另一只手需要控制平衡。如果产品的使用场景中有较多是在用户上下班的路上，那么就必须考虑单手持机的可操作性。

再比如，阅读类产品现在普遍都实现了屏幕背景设置和单击屏幕翻页的功能，就是考虑到在不同的使用地点光线不一样，操作便捷度也不一样。

3.2.4 任务要素

脱离了任务要素，前三个要素也是不能构成完整的用户场景的。用户在什么时间什么地点要做什么事情，其中"要做的事情"就是用户需要完成的任务，这是完整场景的必备要素。在用户场景的设计中，关键是将用户需要完成的核心任务提炼出来，将次要的或不重要的任务先排除，以避免核心任务的执行受到干扰。

地图类产品的核心任务是出行规划，提供路线辅助，脱离了这个核心任务，地图类产品的应用场景就会大大减少。如果地图类产品的核心任务变成天气提醒，它就不再是地图类产品，而变成了天气类产品。核心任务发生变化，产品的整体定位也就改变了。

我们在设计产品功能的时候要注意，首先，功能不是越多越好，而要尽量精简；其次，在增加新功能的时候不要影响已有的核心功能，新功能一定是用来完善核心功能的，除非产品定位发生了改变。

产品功能能否满足用户需求，除了需要考虑需求满足情况外，还需要产品经理考虑用户使用产品的场景满足情况。因为即便是同一用户使用同一款产品的同一功能，使用的时间或地点不同，也会产生不同的满意度。场景四要素是相互作用、相互影响的，因此，从用户场景覆盖面的角度衡量产品功能设计的好坏是比较科学的。

用户场景分析的四要素并没有什么特殊性，它只是提供了一种公式化描述一个完整用户场景的方式，在需求分析和产品设计的过程中，要始终坚持来源于生活而又应用于生活，这样才能更好地把握用户场景。

3.3 用户场景的特性

用户场景的四要素中，每个要素都不是一成不变的，不同要素发生改变之后再进行重新组合，就会产生新的用户场景。即便是完成同一件事，不同的用户在不同的时间、不同的地点心态都是不一样的，这就会导致用户的看法不一样。

举个简单的例子，小明在上班路上在地铁上玩手机时，心态可能是充电学习、获取知识，而他在下班路上在地铁上玩手机时，心态可能是娱乐消遣、放松休闲。在这两种心态下，小明玩手机时打开的产品肯定是不一样的。

但对于单一产品来说，因为产品所能提供的核心服务是固定的，因此在"任务"这个要素上不太会发生变化。比如新闻类产品提供的都是资讯内容类服务，不同人群在不同时间、不同地点看的内容可能会不太一样，但使用新闻类产品的诉求都是一样的，那就是获取资讯。所以我们在做产品设计、考虑用户场景的要素时，需要更多地考虑用户、时间、地点的要素变化所带来的变化。

3.3.1 变化性

用户所在的环境总是在变化，不同时间、不同地点用户的诉求是不一样的。例如在不同时段，用户打开大众点评 App 的诉求是不一样的，早餐时段更适合为其推荐甜点、早餐类、热饮类的餐馆，但不适合推荐火锅店，而午餐和晚餐的自由度则相对要大一些。

上述例子中，用户、地点、任务三要素都是固定的，仅时间一个要素的变化就使用户场景发生了改变。单一要素的改变所引起的用户场景变化是相对可控的，满足这种场景变化下的新需求会带来用户体验上的极大提升。单一要素的变化给用户带来了不一样的需求,而这些需求往往都不属于"痛点刚需",而是"痒点需求",也就是说没有满足问题不大,但满足了之后会有更好的体验,可让用户感受到产品的情景满足能力。

还是以大众点评为例,当其通过用户的GPS定位信息识别到用户更换了城市之后,首页会多出一个对应城市消费推荐的版块(见图3-3),向用户推荐当地的必吃餐厅、热门商圈、必玩景点和必住酒店。这是地点要素变化引起的用户场景变化。

图3-3 大众点评的城市消费推荐版块

用户场景的变化性决定了我们在思考和分析用户场景的时候不能只关注目前不变的场景，而要更多地考虑单一要素发生变化会给用户场景带来什么改变，用户场景改变后用户的需求会发生什么改变，这样才能更好地满足用户需求。

3.3.2 复杂性

当用户、时间、地点三要素同时作用时，用户场景就会变得很复杂，此时需要考虑多要素发生变化时如何应对。

用户在不同的人际环境、自然环境当中，因为环境的复杂性会有一些比较复杂的需求。比如微信的新消息提醒中针对消息详情的设置默认是打开的，用户可以在手机屏幕或顶部推送提醒的位置看到消息的内容。而在一些特殊的环境当中，用户希望消息内容不可见，这种场景我们无法详细分析和举例，因为可能涉及用户的隐私。关闭消息详情本身会造成产品使用体验变差，用户会因此错过一些重要消息，甚至误事。在这种复杂的用户场景中，微信给出的设计方案是将其做成可配置的，如图 3-4 所示，由用户自己决定是否显示消息详情，尽可能降低对产品满意度的影响。从产品的角度来说，可配置的设计方案是应对复杂用户场景比较有效的做法。

还有一种可以借鉴的处理方式。地图类产品在提供实时路况的同时，也给出了针对堵车这种复杂场景的产品设计解决方案，通过缓解用户在复杂场景下的焦躁情绪来提升产品的体验和满意度。这需要对堵车场景下的用户心理活动、心态和情绪、实际诉求都分析得比较透彻。具体方案如下。

图 3-4 微信的新消息提醒中针对消息详情的设置

一是给出拥堵路段的预计通过时间，让用户有心理准备，并且会预警。图 3-5 所示为百度地图的拥堵信息提示。

二是使用不同的颜色标识路段的不同拥堵程度，让用户有心理预期，能自行预判拥堵程度。

三是结合用户当前所在的地点给出切换路线的建议，且将路线切换之后对全程所造成的时间影响也预估出来，让用户自己决定是否切换路线。

四是减少拥堵过程中语音提示的次数，避免加重用户的焦躁情绪。

五是鼓励用户上报真实的堵车原因，供其他用户参考。

通过这些产品设计上的考虑，能在一定程度上降低用户在遭遇堵车这种复杂场景时对产品的不满意度，提升用户对产品专业能力的满意度。

第 3 章 用户场景：围绕用户解决核心诉求

图 3-5　百度地图的堵车路段信息提示

3.3.3　可塑性

　　用户的接受能力是比较强的，正如我们可以改造环境一样，我们当然也可以创造出一些用户场景。很多产品在上线之后会有一个市场培育期，其目的就是让用户适应新产品所创造出来的场景。

　　典型的例子有电商产品。现在人们都已经对电商产品习以为常、乐于接受了，但在电商产品刚推出的那几年，用户的质疑声很多。以前设计电商产品，除了要考虑货的问题，还要解决信任的问题，要让用户信任平台，相信自己的钱不会被骗走。因此，当时在

57

电商产品的首页或其他重要位置都会放置"平台担保交易""7 天无理由退换"等服务承诺。

现在这些服务都已经成为标配,电商产品转而考虑电商的玩法,如何确保货品优质的情况下最大限度地提升用户的购买力。因此,最近几年电商产品都在营销方式上创新,服务上的创新虽然也有,但所能起到的规模效应不及营销。而用户现在都已经适应了五花八门的营销手段,有时还乐在其中。这都是被培养出来的电商消费习惯,如果哪个电商产品不搞促销活动,用户反而会不习惯。如图 3-6 所示,拼多多的首页首屏基本上都是营销工具。

图 3-6 拼多多的首屏大部分位置被营销工具占据

这也从侧面说明，我们可以利用用户场景的可塑性培养用户的使用习惯。很多新产品刚开始时会通过一些营销手段，通过利益、噱头、新型交互体验等方式吸引用户，但过了新鲜期，用户却都没有留下来。原因就是没有创造出用户场景，没有理由让用户留下来，一味利益输出肯定不是长久之计。产品能够存活下来，必然要有用户场景的支撑，培养用户使用产品的习惯，让用户想要做某件事的时候，第一时间就能想到你的产品或者产品里的某个功能，这样才是可持续发展之道。

比如抢火车票的场景，大家都知道 360 浏览器的核心功能是网页浏览，抢火车票只是一个附属功能，很多用户为了抢火车票才使用 360 浏览器，可能抢票期间每天都会打开。习惯了之后，用户也不会卸载浏览器，对于普通用户来说，用任何一个浏览器浏览网页都可以，只要体验不是太差。这样，360 浏览器通过一个附属功能创造出了用户使用浏览器本身核心功能的场景。

对于产品经理来说，我们要基于用户场景的分析设计产品，因此要对用户场景的特性有一定的了解。只要我们能分析出用户场景的特性所在，就一定能找到应对的方法。

3.4 基于用户场景设计产品

在了解了用户场景分析四要素及其特性之后，我们再来看一下如何在产品设计的过程中应用用户场景。我们可能早就在日常产品设计工作当中应用到了，只是没有规范化去梳理用户场景。

3.4.1 产品设计的历史演变

在信息匮乏的年代，市场属于卖方市场，商家卖什么，用户就只能买什么，消费领域的革新往往能迅速开拓新的市场。而到了互联网时代，信息不对称的问题基本解决，特别是到了移动互联网时代，信息越来越透明，市场已经属于买方，商家之间的竞争越来越激烈，产品之间的差异越来越小，此时一个微创新或细小的体验提升都可能成为占领市场份额的关键卖点，比如手机快充技术等。

移动互联网将人们的碎片化时间充分利用起来，用户使用产品不再受时间和空间的限制，信息渗透无处不在，用户的消费行为变得灵活且分散。在追求体验的时代，更精细地满足用户需求成为产品设计领域的更高要求，越来越多的产品开始围绕用户的实际情况和消费习惯进行设计。

2009年左右，智能手机尚未普及，互联网产品只要有功能就行，因为当时的互联网产品非常匮乏，不管是Web端还是移动端，产品形态都很少。当时智能手机的条件特别不成熟，基本上6个月没有成长起来的项目就会被停掉。那个时候做产品最大的出发点是，在线上把功能实现出来，至少先让用户有功能可以使用，只要能用就会有用户。因为互联网产品匮乏，所以产品都是功能主导的。

到2012年左右，开始强调用户体验，在产品设计上强调要把体验做好，腾讯、百度、阿里巴巴等大公司都成立了UED组织，研究用户体验怎么做。因为经过几年的发展，产品功能已经难以差异化，于是开始拼体验，拼谁的体验更好，设计界面更漂亮，操作更流畅。用户有了选择的余地，当然会选择体验好的，自然用户体验就兴起了。

再到后面我们发现，产品开始拼服务，因为服务对于用户体验的影响很大。比如电商流程，前台下单购买的流程体验做好了，能缩短用户做购买决策的时间。如果用户买完之后，产品不提供相应的售后服务，十分容易在线上带来差的口碑，对整个产品的影响非常大。在 2014 年、2015 年的时候，产品都特别重视服务。例如，当时 1 号店有个专门的服务指标叫 CPO，即每产生一个订单，增加的投诉电话的数量，所有产品线的目标就是将这个值降到 1 点多。1 号店通过提升产品的整体使用体验，包括退款、退换货等逆向流程来降低 CPO。产品通过提升各种服务的质量，把体验做起来，这里的服务不是指客服，而是产品整体的服务。

如今功能、体验、服务已经成为很多产品的标配。现在比较成熟的产品，功能是比较完善的，产品是能用的，体验也好，操作起来很顺畅，服务也很好，这个时候开始比拼什么呢？比拼场景。没有用户使用场景、业务场景的支撑，产品就无法持续运营。笔者曾与团队尝试做定期购的产品时考虑过卫生巾。卫生巾是很多女性用户会在每个月的固定时间使用的产品，那么是否可以设置定期购买呢？实际上很多女性用户有囤货的习惯，而且她们每次用同一品牌的产品的概率不大，而卫生巾产品在不断推陈出新，导致定期购买的场景就不那么强烈了。

精细化的产品功能设计越来越受推崇，而要做到精细化，必须分析和研究用户场景。当下很多同质化产品的核心功能大同小异，往往靠一些辅助功能来进行差异化竞争，这个时候基于用户场景设计的重要性就更加凸显了。

3.4.2 如何基于用户场景设计产品

那么在产品设计过程中如何应用用户场景来设计产品呢？我们可以用场景四要素列举的方式将用户真实的使用和操作场景描述出来，进而设计相应的产品功能去满足这些场景。

1. 为什么要基于用户场景设计产品

之所以要基于用户场景设计产品，主要有以下三个原因。

- 满足基于用户场景的需求能最大化提升用户体验。产品融入用户场景，更能获得人心，满足个性化、情感上的需求，这也就满足了用户更深层次的需求，更能打动用户。
- 移动终端加速了用户场景的应用进程。移动互联网对碎片化时间的利用能力、对 GPS 定位信息的获取能力，让更多的用户场景得到满足，也相应提升了更多产品的核心价值。
- 线上线下的融合扩展了用户场景的边界。线上消费线下享受服务，以及线上线下一体化服务，都让产品的定制化、个性化能力得到极大加强，此时更容易催生新的用户场景。

2. 基于用户场景设计产品的方法

基于用户场景设计产品，其实只要牢牢抓住用户场景分析的四要素就可以了。

- **用户因素**。分析使用产品的目标人群有哪些特征，通过数据积累能够刻画用户的标签，最终实现千人千面的个性化服务。
- **时间因素**。分析用户会在什么时候使用产品，对于不同的时段，在产品体验设计上的考虑是不一样的。
- **地点因素**。分析用户会在什么地点使用产品，不同的地点会有不同的需求。
- **任务因素**。也就是产品的核心功能，分析产品所能提供的核心业务价值是什么，明确产品定位，然后围绕核心功能梳理用户的使用场景。
- **以场景化的方式描述需求**。用户场景能将用户、时间、地点、任务用故事的形式描述出来，这样更容易被人理解和接受，减少需求沟通中的理解误差。

我们经常说设计产品要"以用户为中心，以体验为核心"，其实"以用户为中心"说的就是用户使用场景，用户有没有使用产品的需求；而"以体验为核心"说的则是用户操作场景，如何让用户在操作的时候拥有良好的体验。

在用户操作体验上，很多时候细节决定成败。那么什么样的操作算细节，如何来衡量体验的好坏呢？从场景化设计的角度出发，可以从三个方面来衡量：

- 要超出用户期望，产品能设身处地地为用户考虑；
- 要降低用户防备，认知成本和学习成本都是需要考虑的；
- 要提升用户信任，让用户缩短从认知到信任再到使用的决策流程。

超出用户期望，更强调场景预判，预测用户下一步的操作行为，并将操作体验提升上去。比如前面的例子中提到的检测到用户的截图行为，立即给出下一步操作指引，就是很好的场景预判。

云 e 宝是一款辅助服装门店管理的进销存 SaaS 产品。图 3-7 所示为云 e 宝产品中设置商品各个 SKU 数量的界面，通常需要用户参照输入框左边显示的库存信息，逐一点击输入框并输入数量。然而"点击输入框→调起输入面板→输入数字→点击确认完成输入"这个操作场景操作起来不太方便，特别是有多个 SKU 都需要设置数量时。

云 e 宝在库存数量显示区域增加了一个点击事件，每点击一次，对应 SKU 的输入框里数量就加 1，并且会在用户第一次使用时提供引导，这样极大地提升了操作便捷性。对于用户来说，虽然是在意想不到的地方增加了操作控制，但确实提升了操作体验。

如图 3-8 所示，针对云 e 宝的用户在搜索商品时常用商品货号搜索的场景，优化了系统自带的键盘，改为调出自定义输入面板，把商品货号常用的字母和数字作为主界面上的显示元素，不仅省去了用户多次切换键盘布局的操作，也提升了 Pad 端一手持机一手点选操作的便捷性。

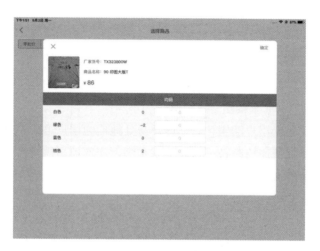

图 3-7　云 e 宝 Pad 端产品的设置商品数量界面

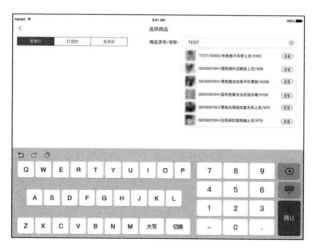

图 3-8　云 e 宝 Pad 端产品的选择商品操作

降低用户防备，要尽量缓和用户自然产生的提防心理，消除其戒备心，促成用户第一次体验产品。比如很多产品都有"0元试用""猜你喜欢"的功能，目的就是让用户在进入产品界面后顺畅地试用操作。

图 3-9 所示为云 e 宝产品的销售开单界面。一般用户看到密集的操作按钮都会有点害怕，不知道怎么操作。对于销售开单的场景而言，最关键的是加入商品信息。云 e 宝针对不同操作水平的用户设计了五个选择商品的入口，鼓励用户操作。

- 添加商品：最常规的操作，点击按钮进入商品选择界面。
- 扫码添加商品：使用扫描枪扫码添加商品信息，适用于操作很熟练的用户。
- 点击空白处添加商品：潜在的操作，适用于操作很熟练的用户。
- 图片选款：按图片展示来找商品，适用于记不住商品货号的场景。
- 新增货品：适用于尚未建商品的场景。

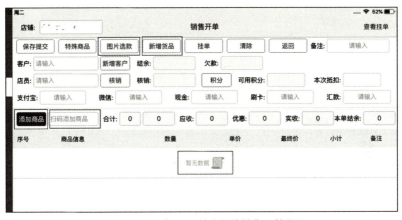

图 3-9　云 e 宝 Pad 端产品的销售开单界面

提升用户信任，是要安抚用户情绪，预测用户的痛点，给出较为合理的解决方案。比如百度地图的拥堵时间预测就是一种缓解用户焦躁情绪的好方式。

图 3-10 所示是云 e 宝产品在选择商品页面上的历史下单信息提示。开单员很多时候记不住用户上次购买对应商品的价格和数量，特别是用户需要退货的场景，因此需要提示用户历史购买的价格和数量。在开单员最常操作的界面上，只要提前选择了客户信息，就可以在用户每款商品的选择界面上提示开单员，这样很好地解决了信息无法全部聚合显示的问题，也消除了开单员的疑虑。

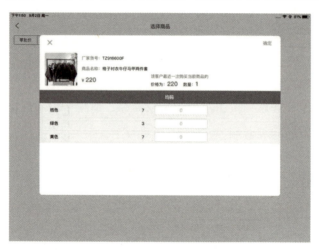

图 3-10　云 e 宝 Pad 端历史下单信息的提示

总的来说，基于用户场景设计产品有以下三个作用。

- 建立良好的口碑，吸引更多的用户。现在的用户越来越挑剔，更愿意为特定用户场景的解决方案而留存乃至付费。
- 精细化产品设计，更容易微创新。不拘泥于已有的产品数据和竞品的功能，从用户场景出发，让产品思维更开阔。

- 让团队对需求达成一致认知。通过用户故事让团队真切感受用户，更好地集中资源，明确目标，提升研发效率。

产品设计来源于生活而又应用于生活，可以让用户更容易、更愉快地使用产品。基于用户场景设计产品，在设计的时候多分析用户使用的时间、地点、目的乃至使用产品时的心态和情绪，才能吸引用户，打动用户。

3.5 本章小结

本章主要介绍了用户场景，包括用户场景的定义和分类、用户场景分析的四要素，以及应用用户场景设计产品的方法。

在做产品设计的时候，需要多考虑用户、时间、地点、任务等用户场景要素变化所引发的结果，要综合考虑多个要素共同作用的情况。而当我们知晓了业务场景的分析方法，又掌握了用户场景的分析方式之后，就可以将两者结合在一起，思考产品整体的设计思路，这就是场景化的思维方式。下一章将讲述一些常见的场景化思维在移动端产品中的应用。

第4章 CHAPTER

场景化思维：移动互联网产品的灵魂

前面提到过，移动终端加速了场景化设计的应用进程。移动互联网对碎片化时间的利用能力、对 GPS 定位信息的获取能力，让更多的用户场景得到满足，也相应提升了更多产品的核心价值。

移动终端由于被用户随身携带，成为用户形体的延伸，在每一个用户使用移动互联网产品的场景，都陪伴着用户。正因如此，移动终端有着天然的优势，我们可以针对用户场景，结合移动终端的特性，设计出用户体验更好的移动互联网产品。

我们知道用户场景分析的四要素是用户、时间、地点、任务，场景化思维就是结合移动互联网产品形态的特性，从用户的使用角度出发，将这四要素单独运用或综合运用的一种思维方式。移动互联网思维中常见的碎片化思维、粉丝思维、焦点思维、快一步思维和第一思维都属于场景化思维，每种思维对用户场景分析四要素的运用侧重点不同。

4.1 碎片化思维，快速抢占用户心智

目前国内智能手机的用户数量已经非常庞大，中青年群体基本都用上了智能手机，甚至一些老年人也在使用智能手机。庞大的用户基础助推了移动互联网的快速发展，到目前为止已经出现了很多受人欢迎的应用和服务。用户高频且长时间使用移动互联网并对其产生黏性，成为移动互联网产品快速发展的必要条件，通过不断填补用户的零碎时间，移动互联网逐渐占据用户的空余时间。

尼尔森的一份调研数据表明，78%的用户会通过移动终端上网来消磨时间，72%的用户会在独自一人的时候使用移动终端上网，70%的用户会在交通工具上使用移动终端上网。人们在独处或无聊的时候有可能使用移动互联网，碎片化的时间分配和移动上网随时随地的便捷性，使得移动应用和服务颇受用户青睐。以游戏类产品为例，移动端游戏已经逐渐成为主导，占据了游戏的大部分市场。如何更加巧妙地利用用户的碎片化时间进行产品创新成为大家研究的重点，碎片化时代已经来临。

碎片化是移动互联网的显著特征，相比于 PC 互联网，移动互联网有 5 个碎片化趋势：

- 时间碎片化
- 地点碎片化
- 需求碎片化
- 沟通碎片化

- 社交碎片化

其中，时间碎片化是目前应用得最多的。时间和地点是用户场景中的两个要素，需求、沟通、社交会改变用户所处的环境，从而引发场景的变化。碎片化思维在场景化设计当中的应用就是将碎片化的场景进行整合，形成具有独立服务能力的个体产品。

可以简单地给碎片化思维下个定义。所谓碎片化思维，就是先将各种整体信息分割成信息碎片，再将这些信息碎片组合成碎片化用户场景，最后根据场景为用户提供各种需要的信息，从而满足用户需求，甚至引导用户需求。

这里需要思考的本质问题如下：

- 产品的定位是什么，提供了什么核心服务？
- 核心服务满足哪些用户场景？
- 如何在碎片化场景下快速达成交易？

前两个问题是我们定义产品的基础，我们必须有明确的产品定位，而产品定位是通过大量的用户调研和用户场景分析总结提炼出来的。要想让产品被用户所接受，关键是要解决第三个问题，即如何利用碎片化用户场景快速达成交易，这也是碎片化思维的关键。

建立碎片化思维有5个关键点，下面来一一介绍。

（1）让用户在碎片化场景中主动选择你的产品

这需要明确产品定位，包括产品的核心功能是什么，能够满足哪些用户场景，这是让用户建立清晰认知的关键。如果对产品没有清晰的认知，用户是不会尝试使用的。

在碎片化场景中，因为用户、时间、地点、任务的场景结构关系，用户其实很明确自己的需求和目的，需要有一款合适的产品来解决他的问题。

比如用户去往某个目的地，下了地铁不知道往哪个方向走，想查看一下地图；出门之前想预估一下到达某个目的地的时间，想找地图做一下出行规划；乘坐交通工具的过程中，想打开地图看一下目的地周边的生活设施。

这时用户就需要一款地图类的产品。如果用户的手机上已经安装了类似的产品，他就会在上述场景下打开使用。如果产品不能满足用户场景的需要，或者手机上还没有安装类似的产品，用户就会打开应用市场进行搜索。此时他会搜索什么关键词呢？肯定是与场景匹配的关键词，如"地图""出行规划"等。

现在很多产品已经无法完全通过名字看出其核心功能是什么，并且品牌口号（Slogan）也没有解释清楚自己是做什么的，但也有可能出现在用户的搜索结果里。此时就会出现两种情况：要么用户听人推荐过这个产品，下载使用；要么对其完全不了解，改选定位明确的产品。显然，让用户进行口碑传播的难度要远大于主动搜索，因此有明确的产品定位十分重要。

错过这些碎片化场景下用户的主动选择，就只能靠宣传和推广进行触达，而这种方式的成本较高，且在用户没有诉求的时候触达，用户也不一定会使用。

（2）让用户快速喜欢上你的产品

同质化产品日益增多，一款产品想要完全实现差异化竞争是十分困难的。除非有很强的技术壁垒或业务壁垒，否则但凡业务开展得有些声色的产品，模仿产品就会如雨后春笋般冒出，并且各自都具备一定的特色。大家都明白需要差异化，只不过核心业务都是相同的，差异化只能体现在一些小功能上。

在这种情况无法避免的情况下，我们就更需要**在产品上下功夫**。在碎片化场景中，用户产生需求的时间很短，解决问题的诉求很强烈，不会花太多时间探索一款产品应该如何使用，这就需要让用户对产品"一见钟情"。很多产品会花大量的时间和精力在 UI 上，就是这个原因。

此外，产品的信息架构也要清晰，让用户一眼就能看明白产品提供了什么服务。提供太多的功能，期望以不同的功能留住不同的用户，这种方式是不可取的。少即是多，这是简约设计的精髓，让用户清楚知道产品是什么，有助于用户快速做出判断。大部分用户对待产品的态度是：能解决问题就用，不能解决问题就换。

如图 4-1 所示，笔记类 App 的简约设计风格能让用户快速了解产品所提供的服务，大大的"+"操作按钮也很方便。

图 4-1　笔记类 App 的简约设计

现在越来越多的产品强制用户登录，用户不登录就不能体验服务，这其实是个十分冒险的做法。这是将用户挡在门外，让用户决定是否要付出一定的成本推门进来。一定要明白一点，你的产品不是知名旅游景点，可以让用户先买票后游览。同质化产品这么多，用户在选择很多的情况下不愿意付出成本去尝试，特别是在要提供手机号码这种比较隐私的信息时，很多用户是会犹豫的。除非业务模式确实需要，否则不建议使用强制登录的方式，要给用户机会了解产品。

（3）让用户在初次使用后就建立起对产品的信任

用户对产品会有一个从 0 到 1 的认知过程，之后才是从认知到信任。略过中间的认知环节直接让用户信任，难度很大。信任是建立在相互了解的基础上的，没有认知，何谈信任？上面两个关键点解决的就是认知的问题。

建立认知之后，用户对产品的期待就变成了解决问题，而解决问题的过程体验会影响用户是否会二次使用，进而影响到用户是否会信任产品。产品核心业务主流程的体验是否顺畅，辅助功能的使用是否达到用户的预期，用户操作过程中是否有卡顿等，都会对用户是否会建立对产品的信任产生影响。

在碎片化用户场景中，用户的临时需求会比较迫切，给予产品的体验时间比较短暂，如何让用户快速体验核心服务至关重要。而一旦这次体验建立起信任关系，当下一次类似的碎片化用户场景出现的时候，用户就会首先想到你的产品。

图 4-2 所示为某打车应用的同时呼叫功能，这个功能平时不会出现，一般会在叫车的高峰时段出现，目的是让用户更快地打到车。这种功能设计是从用户使用的角度出发的，打车 App 的核心功能就是让用户快速网约到车辆出行。用户在任何时段进来使用都能提供一样的服务，这样用户就会建立起对产品的信任。

| 第一部分　认识场景化 |

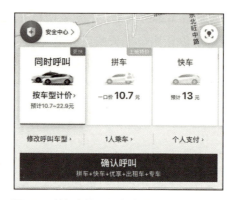

图 4-2　某打车应用在高峰期的同时呼叫功能

（4）提供令用户尖叫的服务

前面提到过，要想提供超出用户预期的体验，必须对用户场景进行深入分析和研究。在用户无感知的情况下为其提供情景辅助，当这种情景满足时，用户的体验满意度会大幅上升。用户在使用产品时，内心都会有一个预期，实际体验能超出这个预期多少，决定了用户对产品的喜好程度。而超出用户预期的体验可以通过追求极致体验来实现。

比如微信群聊的内容有时很多，重新打开群聊时，想从上次看到的位置开始看起，如果需要一直向上翻到上次看的内容，对用户是非常不友好的。微信提供了信息定位功能，假如你有很多条未读的聊天记录，点击后就会定位到你上次阅读的地方；如果有新的群聊消息，下方也会有定位提示，点击后能快速定位到新消息。不需要定位的话忽略即可，把选择权交给用户。这个功能满足了需要定位的用户场景，不再需要去翻页了。

还是以微信群为例，群设置默认是隐藏昵称，只显示头像，但当群聊的人达到一定数量时，通过头像难以区分群成员，很多人就会去群设置中开启"显示群成员昵称"。加的群多了,如果每个群都要设置一次会比较麻烦。微信在一次升级后,默认超过一定人数的群会自动开启显示昵称,人少的还是不显示,如图4-3所示。这个改动既抓住了用户的痛点,又提升了体验,也不影响产品的熟人社交策略,可谓一举多得。

图4-3 微信群的"显示群成员昵称"设置会根据成员数自动开启

(5)覆盖更多的用户碎片化场景

用户场景会随着场景要素的变化而变化,想要覆盖所有的碎片化场景是不太现实的,即便是微信生态也无法做到社交场景的全覆盖。而针对单一要素的变化所引起的场景变化,覆盖起来要简单一些。

以覆盖用户的碎片化时间为例。现在的移动互联网产品都在抢占用户的碎片化时间，但不管如何碎片化，时间都是连续性的，比如上下班路上可能有 30 分钟的时间，而在超市排队付款可能只有 5 分钟的时间。要想尽可能多地覆盖用户的碎片化时间，就需要减小产品或服务的时间粒度。

短视频、vlog 形式产品的出现，让用户观看视频的时长要求大大降低，15 秒左右的时间就可以看完一段内容完整的视频，再加上流量成本下降，用户利用碎片化时间观看视频的成本也就降低了。短视频/微视频类产品对用户观看视频的场景覆盖度提升了。

旅游分享类博客产品对于地点碎片化的支持较好。用户去往一个城市旅游，只需基于这个城市的各个景点分享不同的照片和游玩攻略，最后产品会自动将这些照片和攻略汇总成一份完整的城市旅游攻略。用户不再需要在游完之后专门整理，节省了大量的创作时间。

4.2 粉丝思维，得粉丝者得天下

小米手机和《小时代》系列电影对粉丝运营的成功，直接催生了粉丝经济时代。对于用户场景中的关键要素"用户"，粉丝用户的画像更容易刻画和描述。互联网思维里有"得草根者得天下"的说法，而在移动互联网时代，用户的信任至关重要，会带来持续的留存和活跃，可以说是"得粉丝者得天下"。

产品的用户一般可以分成三种：粉丝用户、专家用户及主流用户。图 4-4 所示为这三种用户在产品目标用户群体中的常见占比情况。

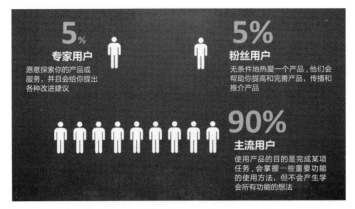

图4-4　产品用户群体的分类和各自占比

粉丝用户会无条件地热爱一个产品，认为产品是独一无二的，他们会积极地帮助提高和完善产品，并自发地传播和推介产品。粉丝用户对产品的贡献是巨大的，他们因为喜欢而购买，因为信任而推广。产品的粉丝用户群体数量越大，意味着产品的生存能力越强。

专家用户会因为产品使用中碰到问题而大声呐喊，他们会通过各种途径发声，给出一些意见反馈或建议，或者在论坛上、微博上以及微信朋友圈诉说他们所遇到的产品问题。他们是我们了解产品所存在问题的重要来源，从这些问题着手，产品经理可以对产品进行很多优化，而且往往能修改掉严重的问题。

粉丝用户和专家用户是产品进步的重要来源，当然也是比较常规和容易获得的来源。主流用户是指大多数的用户，这部分用户无论对你的产品满意不满意，都不会表达出来。如果满意，他们下次就会再来；如果不满意，他们就会默默离开。给"满意的主流用户"惊喜，减少"不满意的主流用户"，这往往是产品成功的关键。

粉丝思维正是将用户摆在主要位置，将主流用户逐步发展为粉丝用户的一种思维方式。它在场景化设计中的作用是强调以用户为中心,从用户实际使用的角度思考产品的设计。

给"满意的主流用户"惊喜,他们就会与亲戚朋友分享这种惊喜,而不再沉默,并逐渐变成"粉丝"。惊喜源于对用户需求的准确预判,而这需要产品经理深入了解用户的行为及用户行为背后的原因,对用户场景进行深入分析。

我们在做用户调研的时候经常会直接问用户是否喜欢一个功能,这其实是毫无意义的,我们真正需要了解的是用户为什么会用这个功能,需要解决什么问题,使用过程中碰到什么问题,为什么会产生这些问题。只有深入了解用户行为背后的根源,才能对用户的行为作出预判。

如何减少"不满意的主流用户"呢?这是很多产品经理会忽略的地方。因为这些用户往往体现在产品数据里微不足道的部分,他们是到了产品首页就跳出的那些人,他们是在搜索页面没有点击的那些人,他们是在购物车页面离开的那些人,他们是没有重复购买的那些人,他们是把我们的 App 刚安装就删掉的那些人。作为产品经理,我们知道他们离开了,但我们无法知道的是他们为什么离开。

究竟是因为页面上的某一条信息引起了他们的反感,还是他们看不懂产品的促销逻辑?还是产品视觉和布局太过老土?还是他们对各种站内信或 App 的信息推送感到厌烦?还是他们之前买过的 50 元衣服质量太差?就这样,我们往往只见他们一面,他们就离我们而去了,留下我们为糟糕的转化率和留存率不断努力,但却一直没有很好的效果。我们尝试自己能够想到的各种优化方式,包括信息展现优化、交互方式优化、精准化营销、个性化推荐等,却始终无法召回这群默默离开的用户,因为归根结底,我们根本无法知道他们为什么离开。

那么怎么才能了解用户离开的背后原因呢？用户调研也许是一个方法，但这个方法有很大的局限，因为很多用户离开的时候可能都还没有注册。即便我们能够联系到，用户可能也无法想起来当初让他们离开的真正原因。在这种时候，我们只有回归用户体验最基本的原则了。这是乔布斯定下的几条原则：

- 一定不要浪费用户的时间；
- 一定不要想当然，不要打扰和强迫用户；
- 一定不要提出"这些用户怎么会这样"的怀疑，一定不要高估用户理解产品的能力；
- 一定不要以为给用户提供越多的东西就越好，相反，提供多了就等于没有重点，有时候需要做减法；
- 一定要明白你的产品面对的是什么样的用户群；
- 一定要去接触你的用户，了解他们的特征和行为习惯。

其实很多人对这些原则非常了解，说起来头头是道，但真正在做的时候，往往将其抛诸脑后。多少次，我们将产品流程越做越复杂，因为觉得这样能够促进销售或者减少成本，却不知道复杂的流程会严重拖累销售和拉高成本。多少次，我们要求用户在本应该流畅的流程中输入这个输入那个，因为我们没有在技术上追求极致。每一天我们都在增加新功能，却从来没有勇气减少功能，即使一些功能只有很少人在用。而最后一条，有多少产品经理真正接触过用户？有多少产品经理了解用户的特征和行为习惯？

由卖方市场转向买方市场，这要求我们倾听用户的声音。用户不再是单纯的受众，我们需要改变与用户沟通时的态度。当然倾听用户不等于听从用户，我们在做用户调研时不能陷入用户的思维里，况且用户也并不一定能表达出他的真实需求，要客观分析，引发对真实用户需求的思考。

4.3 焦点思维，关键在于做什么

在移动互联网时代，不做什么比做什么更重要，我们要少做加法，多做减法。焦点思维是要求产品明确自身的定位，在一件事情上始终坚持，并尽可能做到极致的一种思维方式。**焦点思维有助于将产品的核心功能梳理清楚，明确用户场景中的"任务"要素。** 首先明确产品的焦点性优势和战略方向，然后坚守并做到极致，这样自然能让用户印象深刻，产生好感。

焦点思维的核心是做减法，去掉与核心业务实现无关的需求。产品需求收集虽然是有目的性、有针对性的，但还是会收到各种各样的需求。产品经理要从中找出可实现、有价值的需求，排除无意义、不可实现或暂时无关紧要的需求，这个过程就是做减法。产品经理要捕捉到有价值的需求，围绕产品的核心业务功能做到极致。

遵循下面两个原则可以帮助你建立这个认识。

- 简单而迅速的方式是用一句话把它写出来。
- 描述你希望用户拥有什么体验，具体而言，就是描述用户的使用情景，以及设计怎么满足用户在该情景下的需求。

总的来说就是先理解用户，再思考合适的设计。描述用户体验的时候可以采用讲故事的方式。故事的内容包括可信的环境（时间和地点）、可信的角色（谁和为什么）、流畅的情节（什么和怎么样）。可以借鉴如下四个策略。

- **组织**：按照合适的标准将功能分类。
- **隐藏**：把不重要的功能放在最后，避免分散用户注意力。
- **删除**：去掉所有不必要的功能，直至减到不能再减。
- **转移**：只保留最基本的功能，将其他功能转移到其他地方。

首先是需求的组织，这是我们在日常工作中最常遇到的。在做产品的时候，我们经常会收到大量需求，这些需求之间看似相互独立，实际都需要产品经理去分类组织，从而使需求之间产生关联，捏合成一个成型的产品。而着手组织前一定要先理解目标用户的操作行为，即他们想做什么，先做什么，后做什么，然后才是对产品的功能和内容进行组织。

其次是功能的隐藏，或者说是分清主次功能。主要功能肯定会占据产品的关键展示位置，而对于次要功能，则需通过访问路径的设计将其隐藏在较深的地方。不过，无论隐藏什么功能，都意味着在用户和功能之间设置了一道障碍，需要从设计上整体把控这道障碍对产品的影响。但隐藏部分功能是一种低成本的实现方案，可以选择那些不常用但必须有的、可以自定义的功能，比如使用或帮助提示等，做到隐藏但又容易找到。

再次是删除，也就是我们常说的"做需求的减法"。很多时候，我们都在一味接受需求，并没有考虑去掉某个需求，给产品瘦身。而在实际工作当中，删除需求也是对产品经理的一大挑战。一是要分析是否可以删除，为什么可以删除，删除后会有哪些影响；二是要说服需求提出方不在产品中实现这个需求。删除不必要的功能，这样可以专注于把有限的重要问题解决好。而删除已实现但效果不够理想的功能也很重要，虽然这会造成已经付出的时间和努力白费，但这些成本是收不回来的，删除这些功能还可以节省一定的维护开支。需求是要控制的，但控制是手段不是目的，其目的是发现核心需求。

最后是转移策略，这是最难的，不是简单地从这边移到那边，而是要综合分析两边的情况，对 A 产品的功能做出删除的时候，要对 B 产品的功能做好组织和隐藏。因此要做到转移并不容易，要综合运用上述三种策略才行，但原则就是产品要给用户一种操作简单的感觉。

4.4 快一步思维，找到快速发展的道路

与小步快跑、持续迭代的思路差不多，快一步思维是要求一旦产品业务模式梳理清楚，就要抢占先机、快速推向市场的一种思维方式。用 MVP 流程去验证用户场景，快速满足用户场景，先一步抢占用户心智，让用户在有相关场景的"任务"需求时，首先使用你的产品。在移动互联网时代，得到优势和失去优势可能都在一瞬间。如何快速找到产品的发展道路，如何满足用户快速变化的需求，这是在制定产品发展战略时需要重点考虑的。

大家一定都知道"天下武功，唯快不破"这句话，确切来讲，快一步思维更多的是讲求效率，将所有的好需求快速穿插在迭代中完成。对产品经理而言，要把每个迭代需要完成的任务分配好，每个版本最好都能让用户感知到变化。所以肯定是前台功能上的变化，很多后台功能用户都无法感知到。那是不是代表后台功能不重要呢？当然不是，后台功能同样要做，只是要穿插着做前台功能，而且很多时候，后台功能的完善能极大弥补前台功能的不足。

小步快跑，实时把握用户需求。产品在上线运营后，肯定会收到用户反馈，要快速从这些反馈中挑选出好的、通用性强的需求，并在就近的迭代中实现，这样用户会很有成就感，产品也会持续受到用户的关注。

从小处着手，不断进行微创新。我们不求大的变革和创新，很多时候，将一个小功能做到极致也是一种成功。不能忽视细节层面的体验，每个迭代给用户带来细节上的变化，用户会感知到产品在变好。我们结合从竞品身上学来的部分，结合自身产品业务，在整合的过程中进行优化，这就是微创新，因为在原来的基础上进行了改良。

我们都知道量变引起质变的道理，众多的微创新当然也可以引起质变，当各项微创新能够归类并整合成一个整体的时候，就相当于产生了完整业务流程的创新。针对用户反馈以最快速度进行调整，融合到新版本中。这意味着我们必须及时甚至实时关注用户需求，掌握用户需求的变化。

4.5　第一思维，成为用户心中的第一

用户的手机桌面空间是很有限的，同类型的 App 一般来说用户不会安装多个，所以在移动互联网行业，第二与第一的差距很大，甚至排名靠后的所有产品加起来的份额都没有第一的大。这说明在移动互联网行业，产品只有第一，没有第二。但我们并不是单纯追求市场份额，而是要追求成为用户心里的第一，这样产品才能立于不败之地。

为什么这么说呢？单纯的市场份额第一有时候并不需要通过产品实现，通过资本运作的方式也能实现，比如通过并购或者收购同类型排名靠前的产品。但这并没有在用户心智上抢占份额，在移动互联网行业，单纯的市场份额意义不大，等到你的用户都被别的产品抢走了，市场份额下降的速度可能会超出你的想象。

第一思维是要打破用户的思维定式，以创新变更来刷新行业的上限，争做第一的一种思维方式。已经抢占先机的，要持续保持；失去先机的，则要后来居上。用户只会选择最好的，不是第一就会被淘汰。满足同一类用户场景需求的产品会有很多，用户只会记住同行中的翘楚。

成为用户心里的第一有几种不同的方式。第一种方式是在行业内一家独大。比如前几年两款头部打车产品合并，Uber 退出中国，

导致整个打车应用市场变成一家独大,这个时候用户没有可选择的余地,要使用打车服务只能选择这款产品。但这并不代表用户心里就接受这个产品了。后来曹操专车、嘀嗒出行、高德出行等产品的推出,分流了一部分用户,这从侧面说明,当产品不能给用户提供满意的服务时,只要有选择,用户就会重新考虑别的产品。

第二种方式是成为先行者。在某个方向上将某个产品快人一步研发出来,并在对应的专业领域深耕细作,一直保持行业领先地位,让跟进者疲于追赶却无法超越,这样,先行者就能在用户认知里建立领先优势,再加上先入为主的思维习惯,只要不出现产品策略上的失误,用户的认知就不会发生大的改变。比如电商 C2C 平台的淘宝,经历了这么多年,中间不管是与 eBay 还是拍拍竞争,都没有处于下风,在 C2C 这个领域处于绝对领先地位。

第三种方式是拥有一定的技术壁垒或业务壁垒,同行有较高的进入门槛,这种情况下,越是细分领域竞争优势越大。比如支付行业,大家比较熟悉的是支付宝、财付通(微信支付),它们提供的更多是 C 端的服务,但在 B2B 支付领域更为企业主们所接受的是汇付天下,这个产品主要发力企业间支付服务,在垂直细分领域占据重要地位。进入支付行业还需要有支付牌照,现有支付产品的竞争优势比较明显,用户接受程度也高,已经处于比较稳固的地位。

在同质化产品越来越多的今天,用户的碎片化思维只会记住行业中的领先者,这就要求产品必须不断进行微创新,不断刷新行业的上限,争做第一。要么不做,要做就要有成为第一的决心和清晰思路。

移动互联网的特性要求产品必须充分利用各种碎片化的场景去满足用户,让他们变成产品的粉丝,多做减法来强化焦点性优势,永远快人一步,争做行业领军者,才能在这个时代长久生存下去。

4.6 本章小结

场景化思维是围绕场景化的四个要素，结合移动互联网产品形态的特性，从用户的使用角度出发，将各种要素单独运用或综合运用的一种思维方式。

本章列举的几种思维主要围绕移动互联网的应用展开，但场景化思维并不局限于移动互联网，我们只要在分析的过程中围绕场景化的四个要素，从用户实际使用的角度去思考，就能应用场景化思维去发现产品的运作模式。

在设计产品的过程中，很多时候并不是我们不会基于场景去分析，而是意识不到，发现不了场景。下一章将通过一些方法来告诉大家如何分析和发现场景。

| 第 5 章 | CHAPTER

发现场景：运用常见分析方法找到场景

　　设计产品有两种常见方式：一种是坐在办公室里拍脑袋设计；一种是先深入一线进行用户调研，然后基于调研结果来设计。前一种方式是产品经理把自己的想法当成用户的想法，这样很容易脱离实际；后一种方式则是去了解用户需求产生的前因后果，因果被串在一起就构成了场景。产品经理只有善于发现场景，才能做出符合用户预期的产品。

　　在做产品时，问题往往并不是我们不会基于场景进行分析，而是意识不到或者发现不了场景。这可能是由以下原因造成的：

- 已经习以为常的产品功能或设计，本身可优化的空间就已经很小；
- 认为自己也是用户，所以非常熟悉用户，拍脑袋替用户做

了很多决策,但思考得不够细腻、不够全面;
- 项目周期短,留给产品设计的时间有限,能按时完成任务就不错了,没有时间做用户调研;
- 领导直接拍板,产品功能就按××产品的来做,或者就按领导所说的方案设计,根本没给思考的空间;
- 想做微创新时所遇到的阻力很大,业务部门可能更希望守成,而不是变革,很难获取它们的支持;
- 前五种情况的多次打击消磨了你的斗志,让你摒弃了产品设计流程中的一些环节,变成执行为主或靠经验做设计的角色。

或许还有很多其他的原因,但作为产品经理,我们要始终保持好奇心,刻意去发现;要始终坚持初心,记住那些用心设计之后所获得的成就感和愉悦感,督促自己持续做出好的设计。

5.1 换位思考法

换位思考,是设身处地为他人着想,即想人所想、理解至上的一种处理人际关系的思考方式。很多时候,把自己当成用户是不对的,这会带上强烈的个人主义色彩。再者,产品经理和普通用户的专业性不一样,看待问题和思考问题的角度也不一样,对于同样的问题,可能会得出完全不一样的结果。

换位思考法就是把自己代入用户所处的环境中,分析用户使用产品的场景。这对代入感要求比较高,基本上要达到演员级别。我们经常说要设身处地、换位思考,但真正能做到的人极少。一是很多人不够有耐心,觉得用户太外行,连最基本的操作都不会;二是代入感不够强,说着说着就变成"我觉得""我认为"这种主观性很强的想法。

要想真正用好换位思考法，至少需要做到如下三点。

（1）理解公司的产品战略和产品定位

有的时候老板会提一些稀奇古怪的、我们不能理解的需求，这并不一定是因为他不懂行。在你尚未对产品所在行业了解得很透彻的情况下，不要盲目否定老板的提议，可以适当了解一下老板所提需求的来源、背景和理由。掌握多方面的信息之后，你可能就会对老板所提需求有更加深刻的认识。这个了解的过程其实是一种用户场景逆向推演的过程，先知道结果，然后从结果一步步反推背景和原因，最终得出结论：哪类用户处于什么样的场景下才会有类似的需求。

另外，当你理解了产品定位之后，能消除一些信息不对称造成的不必要的问题。虽然是同一类目标用户群体，但没有明确目的的用户调研可能会收集回来截然不同的用户场景，可能一部分是往A方向发展，一部分是往B方向发展，当然这还与你所选取的用户样本量有关系。如果这时草率地进行产品设计决策，会造成沟通成本上升。公司层面或者领导层面能接触到一些你接触不到的信息，要清楚地知道公司的战略安排，保持信息通畅，多和上级沟通。

有的公司战略是决策的需要。有时单从产品的角度分析产品的确还存在很多问题，但公司却已经做出相应决策了，这时除非有更优的解决方案，否则站在公司的立场上，必须先推进现有解决方案中的一种，哪怕是试错。做决策是很难的，不能只提出质疑却不给出解决方案，要理解公司的难处。

只有理解公司的产品战略和产品定位，才不会在换位思考的过程中发生偏离。最忌讳的就是用个人思考和意见代入，而不是从公司战略和用户场景的角度出发。

（2）了解目标用户群体

有些产品的目标用户群体会受相关干系人的影响，比如 B2B 类的产品就比较特殊，产品的目标用户群体并不一定是购买决策者，而购买决策者又不一定是目标用户群体。这时从营销的角度，要站在购买决策者的角度去换位思考；从产品使用的角度，要站在目标用户群体的角度去思考。

对目标用户群体了解越深，越容易产生强相关的代入感。如果你都不了解对方，何谈设身处地？不了解就没有参照标准，也就无法换位思考了。对于老人、儿童这些产品经理通常不太熟悉的用户群体，这一点尤为明显。

很多时候，产品经理要尽量与目标用户群体具有某些相似的特征，才能较好地进行换位思考。试想一个汽车后市场电商产品的产品经理，如果自身没有汽车，要了解有车一族用户的想法，难度肯定比有车的产品经理大多了。

（3）以用户为中心

在设计产品的每一个步骤中，都要把用户列入考虑范围。有的时候自己操作一遍，再看用户操作一遍，就能发现其中的差异。非专业人士和专业人士差距明显，很多我们认为很平常的地方，在用户看来就是无法理解的鸿沟。

最基本的一点是，自己要非常熟悉产品的功能和操作流程，要先试用，然后再去了解和观察用户是怎么使用的，这样能加深对用户场景的理解。周鸿祎曾说过，产品经理要像小白用户一样去思考，像白痴用户一样去体验。小白用户的使用习惯和思考方式是最接近主流用户的，不要把用户都想象得很专业，很可能对方连智能手机都不太会用。

平时可以拿内部用户来锻炼换位思考的能力。技术人员的思考角度和产品经理肯定是不一样的，立场和出发点也不一样，就会导致大家对于需求的理解不一致。技术人员与你纠结于某些边界问题、逻辑设定问题，不要觉得难以接受，站在技术人员的角度思考，那叫逻辑严谨。人与人之间由于各方面因素的不同造成了思维上的差异，如果能理解这一点，对于换位思考的理解就会更深。

做到以上三点之后，再去针对目标用户群体进行换位思考，你会发现思考的角度不一样了，这样能更加真实地还原用户场景。平时要多和一线用户沟通交流，才能不断地从用户身上获取到有价值的信息。

5.2 5W1H 分析法

5W1H 分析法也叫六何分析法，是一种思考方案，也可以说是一种场景创造分析法。5W1H 分析法包含如下几个方面。

- Why：为什么要做，是原因。
- What：做什么、做成什么，是目标。
- Where：在哪儿做，是地点。
- When：什么时候做，是时间。
- Who：谁来做，是执行对象。
- How：怎么做，是方法。

对比一下用户场景分析的四要素"用户、时间、地点、任务"，你会发现 5W1H 分析法与用户场景是高度契合的，对用户故事的前因后果做了补充说明。中间的 4 个 W 构成了用户场景，Why 和 How 对用户场景进行了补充。

在做用户研究的过程中，如果我们需要研究产品的详细功能点所发生的用户场景，那么 5W1H 分析方法显然是适用的。对于互联网产品来说，我们需要确定用户是在哪种场景中才会使用某个功能或者服务，因此 Who、Where、When、What 是非常关键的因素。注意，这里的 Where 除了有地点的概念外，还可以是某个竞品的某个功能所在的位置，或者是我们自己产品的某个功能所在的位置。

通过下面这个简单的例子来说明 5W1H 分析法的应用。

刚从公司加班回家的小北，又累又饿，想吃顿小龙虾犒劳一下自己，于是打开外卖 App 看看哪家餐馆的小龙虾比较有特色。因为已经快晚上 10 点了，还要看有没有线下门店可以送外卖。

完整的用户场景是，小北在晚上 10 点左右想在家里叫外卖小龙虾吃。

人物：小北

时间：晚上 10 点左右

地点：家里

任务：点餐小龙虾外送

通过 5W1H 分析法对这个场景进行拆分如下。

Why：加班回家晚，又累又饿

Who：小北

When：晚上 10 点左右

Where：家里

What：点餐小龙虾外送

How：通过外卖 App，要筛选出目前还送外卖的餐馆

通过对比可以发现，5W1H 分析方法更加有助于我们对用户场景下用户需求的理解。Why 可以让我们知道此时用户的心态和情绪。在又累又饿的情况下，显然小北不愿意再出门，如果这个时候点不到可以外送的小龙虾，他很可能会换成别的。而 How 则可以

让我们知道小北对线上线下消费场景的选择，很显然小北是个习惯使用线上工具的用户，并且对于外卖 App 的筛选功能有一定要求。

从场景分析的角度，基于用户场景分析限制性更低，我们在列举场景的时候会更加多样化；而 5W1H 分析法则会将用户场景描述得更详细，好处是有助于我们理解和发现比较具象和细化的用户场景，缺点是对场景的刻画进行了范围限定。比如我们通过这个场景案例，想要发现在外卖 App 里面开设夜宵专场版块的需求，相对来说用户场景分析想象的空间更大；而 5W1H 分析法的结果更容易理解，对于发现场景的阶段来说，5W1H 分析法有其优势。

5W1H 分析法有一个弊端是，对于 5W1H 中 Why 这个维度，通过询问原因我们可以了解用户为何会在特定场景下完成某件事，但需要注意的是，用户所说的 Why 和真正的 Why 是不是一致，需要我们通过分析进行判断。我们可以通过以下方式规避这个弊端。

1）在用户调研过程中针对某个关键问题多换几种方式，多问几个 Why，这样用户也会更加明确真正的原因。

2）综合用户在场景中的决策过程和最终行为来判断背后的真正原因。

3）通过调研过程中用户的语言和动作判断用户所说的是不是真正的原因。

5.3 用户画像分析法

用户画像又称用户角色，是一种勾画目标用户、联系用户诉求与设计方向的有效工具，在各领域得到了广泛应用。我们在实际操作的过程中，往往会以最为浅显和贴近生活的话语将用户的属性、行为与期待联结起来。作为实际用户的虚拟代表，用户画像所形成的用户角色并不是脱离产品构建出来的,形成的用户角色需要有代表性,能代表产品的主要受众和目标群体。

用户画像在电商领域应用较多,通过大数据将用户的每条具体信息抽象成标签,利用这些标签将用户形象具体化,从而为用户提供有针对性的服务,如精准化推荐和精准化营销。

用户画像分析法主要针对用户场景中的用户要素进行分析,对用户的了解有助于我们在列举用户场景的时候更细致和深入。用户画像研究和分析的目的是让我们更好地了解用户,这样才能更好地服务用户,最终更好地达成产品目标。

对用户使用产品的目的、行为、观点等进行研究,将这些要素抽象成一组对典型用户的描述,以辅助产品的设计和决策。以用户数据为依托,构建出完善的用户画像,借助其标签化、信息化、可视化的属性,通过数据更客观地了解目标用户群体。

用户画像具有 PERSONAL 八要素,具体如下。

- P:代表基本事实(Primary),指用户角色是否基于对真实用户的情景访谈。
- E:代表同理心(Empathy),指用户角色中包含姓名、照片及与产品相关的描述,该用户角色是否能引发同理心。
- R:代表真实(Realistic),指对那些每天与顾客打交道的人来说,用户角色是否看起来像真实人物。
- S:代表独特(Singular),指每个用户是不是独特的,彼此很少有相似性。
- O:代表目标(Objective),指用户角色是否包含与产品相关的高层次目标,是否包含关键词来描述该目标。
- N:代表数量(Number),指用户角色的数量是否足够小,以便设计团队记住每个用户角色的姓名以及其中的一个主要用户角色。

- A：代表应用（Applicable），指设计团队能否将用户角色作为一种实用工具进行设计决策。
- L：代表长久（Long），指用户标签的长久性。

用户画像分析法与用户研究是有区别的，不能混为一谈。用户研究其实是用来验证用户画像并让其变得更真实的。我们通过用户数据对用户进行刻画，虽然比较客观，但却不一定正确，有一个验证的周期。而用户研究通过调研、访谈用户得出相应的结论，可以用来印证用户画像是否具有可参考性。

我们通常用来做用户画像的数据分为以下两类。

- 用户属性数据：姓名、性别、年龄、身高、体重、职业、地域、受教育程度、婚姻、星座、血型、兴趣爱好、家庭情况、消费特征等。
- 用户行为数据：搜索、浏览、注册、评论、点赞、收藏、打分、加入购物车、购买、使用优惠券等。

上述每个数据项分别描述了用户的一个维度，各个维度之间相互联系，共同构成对用户的整体描述。但并不是说做用户画像分析一定需要这么多数据项，具体需要哪些数据项视我们构建用户画像的目的而定。一般来说，用户画像分析可以分为 3 个步骤。

（1）确定目标

明确的目标有助于确定分析的范围，某个功能或某块业务与用户的哪些特征属性和行为偏好有关系，使用产品的方式是否与预期的一致。主要是基于用户使用场景和用户操作场景定义分析目标，产品设计流程当中预设的场景与用户实际使用过程当中表现出来的是否一致。目标的范围不宜过大，应聚焦于用户使用产品的表现或精准化营销，这样更有利于得出结论，进而提升决策效率。

例如我们要筹办一次婴儿奶粉的营销活动，为了保障营销活动的效果，需要对目标用户群体的购买行为做一次分析。之后我们设定目标的时候，就可以围绕用户的购买行为进行设定，如：历史购买过婴儿奶粉的用户群体的特征和购买行为分析。这里，用户使用场景为"什么类型的用户群体对婴儿奶粉有需求"，用户操作场景为"这部分用户群体在购买婴儿奶粉时的行为是怎样的"。

（2）数据收集和分析

这一步一般分为四小步：数据收集、数据整理、数据建模、数据分析。这个过程主要是与数据打交道。图5-1所示为数据分析工作中大致需要掌握的技能点。

图5-1 数据分析工作中大致需要掌握的技能点

（3）构建用户画像

根据数据分析的结果，最终得出针对某类用户的标签化描述，这就是用户画像的结果。例如婴儿奶粉营销活动针对历史购买用户群体做的一次分析，部分摘录如下：购买婴儿奶粉的人群主要为女性，年龄在24岁至30岁，购买时间呈现出一定的周期性，大部分用户单次购买奶粉的罐数为4罐，购买的奶粉品牌相对集中。

5.4 现状 – 结果分析法

要想让用户对某个产品从认知到信任，往往需要经历这样的过程：先是不了解产品，然后建立对产品的认知，最后才可能心动并最终信任。但大部分产品设计人员意识不到这一点，他们会基于自己对于业务和产品的理解进行设计，而忽略了用户和他们之间认知的起点其实是不一样的，导致产品功能上线之后用户的学习成本较高。

现状 – 结果分析法的首要任务是弄清楚用户的现状，其次才是我们想让用户达到的结果。我们强调从"小白"用户的角度去思考问题，去设计产品，但如果连用户的现状都没有找准，我们所做的用户场景分析就都是基于假设的，而不是从实际出发。通过对一线用户的访谈和调研能解决一部分问题，但归根结底还是在于产品设计人员如何定义用户的专业能力。图 5-2 所示是常见的产品设计人员的认知与用户的现状之间的差异。

不了解产品　　已了解产品　　使用或购买产品
用户的现状　　产品设计者的现状　　期望的结果

图 5-2　大部分产品设计人员的现状与用户的是不一致的

在现状不一致的情况下，我们所做的很多分析是不成立的，所谓"拍脑袋的产品设计决策"就是这么来的。用户还不了解产品，因此必须先引导用户了解产品，这就是我们在某些操作上增加"新手引导"功能的原因。

找准目标用户群体的现状很重要，我们期望的结果不是导向，而只是产品设计的指导方向。用户体验很好的产品设计一定是从用户使用产品的现状出发的，否则用户不会感受到体验上的优化。

基于用户场景分析，我们针对用户现状的了解和调查是围绕某个特定的用户群体在某个时间点、某个地点条件下所存在的现状。现状调查是针对目标用户群体对产品当前的认知状况、用户群体特征、用户了解和使用新产品/功能的规律进行专门研究，最终得出相应结论。

笔者团队之前在做在线教育的产品过程中，针对用户设计了一套相对科学的"测、学、练、考、评、问"的线上学习流程。从产品设计的角度，我们希望用户在学习某个知识点之前先做一套练习题，系统根据做题的结果来评定用户的学业水平，进而给他推荐相应层次的视频课程。也就是说，我们期望的结果是用户先进行"测"的环节。

但我们通过分析在用户调研中和在产品上收集到的用户使用路径数据发现，大部分用户对于"线上学习流程"是没有概念的，他们在打开一个有很多视频课程的产品时，会直接找到对应的视频课程进行学习，而意识不到自己的能力水平可能不适合学习对应难度的视频课程。

这样的用户现状让我们之前自诩"科学的线上学习流程"变成空谈，用户没有按我们设定好的流程进行学习使用，也就谈不上学习流程，更没有科学不科学的说法。但我们并不想放弃好不容易设计出来、受到普遍认可的线上学习流程，我们期望的结果还是用户按照设定好的流程来学习。

意识到问题之后，我们将整套学习流程融入三个难度梯度的课程体系当中，不管用户从哪个难度的课程开始学习，最终都会被引导到从适合他水平的难度开始学习。

读者可以用现状-结果分析法来反省一下自己设计的产品功能，哪些是凭感觉设计的，哪些是依据过往经验设计的，哪些是依据用户调研结果设计的,哪些在上线前或者上线后做过可用性测试。如果产品功能上线之后没有用户使用,我们往往会责怪运营人员没有运营好,殊不知可能是我们不了解用户导致的。

现状-结果分析法的优势在于,当我们分析出用户的现状与我们期望的结果差距较大时,我们可以去寻找中间节点,搭建到达结果的桥梁。

5.5 本章小结

发现场景的方法有很多,本章给出了一些常见的方法。换位思考法是把自己代入用户所处的环境中,去分析用户使用产品的场景。要想运用好该方法,要理解公司的产品战略和产品定位,要了解目标用户群体,要以用户为中心。5W1H分析法会将用户场景描述得更细,好处是有助于我们理解和发现比较具象和细化的用户场景,缺点是对场景的刻画进行了范围限定。用户画像分析法主要针对用户场景中的用户要素进行分析,对用户的了解有助于我们在列举用户场景的时候更细致和深入。现状-结果分析法是要弄清楚用户的现状是什么,从实际出发,遵从用户的认知流程,一步步缩小用户的现状和我们所期望的结果之间的差距。

平时多注意观察和分析,保持好奇心,多深入一线去了解用户;这些均是发现场景的法宝。从下一章开始,我们进入场景化运用的阶段,探讨发现场景之后如何明确场景,以便在产品设计过程中利用好场景。

第二部分

运用场景化

    知道场景化是什么之后就要学会运用它。场景化设计的核心是分析清楚用户的核心诉求，当用户想要达成某个目的的时候，我们要分析用户会通过怎样的操作来达成。运用场景化的三个核心步骤如下：首先明确用户的目标，其次观察用户的操作行为，最后洞察用户的心理活动。这样分析出来的场景非常接近用户为了达到目的而触发的真实场景。

    另外要注意的一点是，从产品设计的角度来说，我们所分析的对象是目标用户群体，这个群体由很多用户个体构成，群体中的用户会相互影响，这种影响会导致针对单一用户的场景发生变化。很多游戏式产品设计就利用了这一特性。

第 6 章 CHAPTER

细化场景：运用四种方法明确场景

用户想要达成一定的目的时，其所采取的行为会触发一个或多个具体的场景。想要让产品契合用户触发的场景，就需要细化场景，在场景中通过各种方式或方法与用户建立有效的沟通机制，引导和影响用户按照我们所设定的路径操作，或者让用户自己做出我们所期望看到的行为动作。这就是场景化设计的本质：干预用户触发的行为流程，加入我们结合场景所设计的流程，从而影响和改变用户，达到预期目的。

6.1 用户行为动机分析法

动机是一种内在驱动力。百度百科上对"动机"的定义为：动机是激发和维持有机体的行动，并将使行动导向某一目标的心理倾向或内部驱力。我们所需要研究的"有机体"即目标用户。用户日常的行为，除了很少一部分无意识或下意识的自然反应，都是有意识的行为，即由内在驱动力触发的行为。我们在电影和连续剧中经常听到的"犯罪行为学""犯罪动机"等词，很多与动机分析有关。针对用户行为动机的分析能让我们从根本上了解和掌握用户的下一步动态。

动机一般有 3 个作用。

1）**激发功能**：激发个体做出某种行为。

外部环境或内在心理活动对用户有一定的刺激作用，在适当的时间、地点、人物的作用下，会激发用户做出某种行为。比如大家在浏览网页或使用 App 时，经常会看到一些闪烁的按钮、图片或悬浮窗，配上具有诱惑力的文案和背景图，吸引用户点击。在不考虑用户体验的情况下，这种设计对用户确实是有引导作用的，这就是一种激发。

2）**指向功能**：使个体的行为指向一定目标。

大家在使用移动端 App 时，看到"+"图标、放大镜图标，就知道它们分别代表新建、搜索，看到特别突出的新建按钮就容易主动点击，看看按钮背后的交互界面是怎样的。这在交互设计和用户体验领域被称为"体验一致性"，而在动机分析过程中，这代表着共同的指向，约定一致的按钮图标指向特定的目标界面。

3）**维持和调节功能**：使个体的行为维持一定的时间，并调节行为的强度和方向。

把这一点描述成"经验带来的指导作用"可能更好理解。手势操作在移动端产品的设计当中很常见，我们只知道左滑、右滑、上滑、下滑，但从来没有约束过左滑多少像素的距离代表左滑成功，距离达不到就是左滑失败。用户如果知道你的应用支持手势操作，会根据经验操作，或者在无经验的情况下多操作几次去积累经验，最终的目的是操作成功。

产品设计的目的是促使用户按照既定的轨迹或流程操作，最终达成相应的目的。但是，影响或改变用户的操作行为并不容易，设计不当反而会适得其反。简约设计是一种很好的影响用户行为的方式，少即是多的设计可以让用户在最少的选择中找到自己最需要的。

这里最容易碰到下面 4 个问题。

1）即便加了新手引导和强化提示，用户仍然没有做出我们所期望的行为。

2）公司或商家不愿意迁就用户，不愿意改变现有的业务流程或业务开展方式。

3）产品经理在设计的时候强行加入自己的理解，最终设计出自己满意但公司和用户都不满意的产品。

4）UI 设计师、开发人员、测试人员都有自己的见解，而产品经理无法说服他们，结果一些合理的设计被推翻，最终导致产品不够贴近用户。

后两个问题是从业人员不专业导致的，对如何解决这两个问题感兴趣的读者可以看关于产品经理如何提升专业力的文章。这里我们主要看前两个问题，重点探讨用户行为动机的分析方式。

用户行为的产生首先需要有动机；其次需要用户有相应的能力去完成，否则就会变成"有心无力"；最后需要一点"催化剂"来触发。可见动机是行为的"发动机"，当我们的设计方案改变不了用户行为时，可以从供求双方的动机出发，寻找突破口。

我们先来看用户的行为动机。在消费场景中，用户的行为动机一般有 4 类：获利、享受好服务、个性化需要和情感化需要（见图 6-1）。

第 6 章 细化场景：运用四种方法明确场景

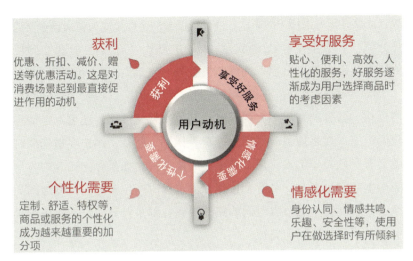

图 6-1　用户行为动机分类

1）**获利**：参加折扣、减价、满赠等优惠活动。这是对消费场景起到最直接促进作用的动机，如在每年的 618、双 11、双 12 等电商平台造出来的购物节，电商平台通过极大的优惠力度，大大激发用户的购物欲望。对于一些标品行业或品牌，用户对商品的认知已经明确，此时只能通过优惠来吸引用户；而在某些供大于求、同质化严重的领域（如餐饮、酒店等），价格促销成为常态，于是让利成为促进用户购买的首选。

2）**享受好服务**：获得贴心、便利、高效、人性化的服务。用户体验的提升不能单纯依靠界面优化和交互优化，还需要强化服务的体验，包括售前、售中、售后的服务体验。好服务逐渐成为用户选择商品时的考虑因素，能影响用户的下一步行为。

3）**个性化需要**：要求定制化、舒适性、特权等。随着经济的发展，供求关系发生了巨大变化。在物资匮乏的年代，厂家主导市场，商品不存在销售压力；而到了现在供大于求的时代，用户获得了选择

103

权，厂家必须考虑用户的需求。商品或服务的个性化成为越来越重要的加分项。年轻用户群体日渐成为消费的主力军，而他们更加追求个性，如果继续用服务"80后"的思路去服务"95后"，只会被时代淘汰。

4）**情感化需要**：获得身份认同、情感共鸣、乐趣、安全性等。当价格、服务的差异不太明显时，除了个性化道路，还可以走情感化的道路。如果能引起用户的好奇、认同、感动，用户在做选择时就会有所倾斜。例如：两个差不多的烧烤摊，如果你知道其中一个的摊主和你是老乡，乡音会让你在做选择时产生偏好；百度地图的堵车时间提醒、更节省时间的路线提醒，都是针对用户在相应场景下焦躁心理的认同和关怀。

我们再来看看商家的行为动机，同样以消费场景为例。交易是建立在买卖双方自愿的基础之上的，商家也有自己的诉求和难题。要想分析清楚其中的细节，就要同时站在商家的立场上思考问题，不能一味偏向用户，单方面的补贴不可持续，只有共赢才能长久。商家的行为动机相对简单，也有4类：收益、成本、口碑和竞争力（见图6-2）。

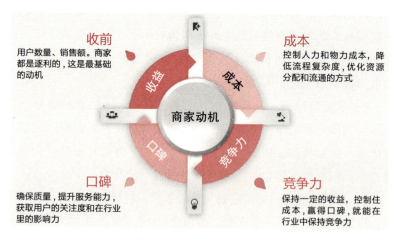

图6-2　商家行为动机分类

1）**收益**：互联网产品的收益要么是用户数量，要么是用户带来的销售额。商家都是逐利的，这是最根本的动机。若不能给产品带来用户数或销售额的增长，那么相关产品的功能体验做得再好都是无效的。

2）**成本**：控制人力和物力成本，降低流程复杂度，优化资源分配和流通的方式。成本控制得越低，议价空间越大，能为用户提供的优惠就越多，这在一定程度上对用户是有利的。现在有些电商产品在功能上并无创新，甚至非常普通，但在商品品类上积累了足够大的供应链资源优势，能够很好地管控住商品的成本，做到全网最低价。这种方式也能帮助推广产品和提升产品口碑。

3）**口碑**：确保质量，提升服务能力，获取用户的关注度和建立行业影响力。口碑传播的力量大家都已经认识到了，口碑建设也越来越受重视，不能随意试错，在考量用户诉求的同时，要平衡好成本与口碑建设的关系。

4）**竞争力**：保持一定的收益，控制住成本，赢得口碑，就能在行业中保持竞争力。这是商家的目标，一切设计上的优化都是为获得竞争力服务的。对于产品来说，底层逻辑的梳理其实就是产品业务模式和市场竞争力的梳理。

分析出所有的用户行为动机和商家行为动机后，我们要做的就是结合用户行为动机、商户行为动机来设计产品，实现我们的目标。动机分析能让我们理解复杂的背后逻辑和不同角色的诉求，不能一味追求用户体验，而要找到平衡点。

在消费场景中，用户行为动机和商家行为动机都是真实存在的。产品经理在设计产品功能的时候不能只考虑功能实现和用户体验，还要考虑实现成本和对现有业务的优化。运营人员在策划运营活动的时候不能只考虑活动吸引力和活动效果，还要考虑收益、口碑建设和行业竞争力。

用户行为动机分析虽然不能直接推导出具体的解决方案,但可以有效提升用户与商家之间的合作效率。要想设计出直击用户本性又能让商家接受的方案,我们需要把握好供需双方的平衡,从中找到破局点。

6.2 场景拆解法

在真实场景中,虽然基本要素只有时间、地点、用户和任务 4 个,但能影响这 4 个要素的因素有很多,如果将其一一分析清楚,将会非常烦琐。不过我们可以依据一定的思路和方法,将场景进行拆解,层层剥离,一步步接近最终目的。场景拆解的过程包括以下 6 个步骤(见图 6-3)。

1)**细分场景**:将核心业务流程中每个环节的场景梳理出来。

2)**提炼关键点**:梳理每个环节的场景中的用户痛点。

3)**吸引注意力**:把关键信息呈现给用户。

4)**影响决策**:辅助用户快速决策,缩短决策时间。

5)**引导行为**:让用户按照设定的操作执行。

6)**强化行为**:让用户形成操作习惯。

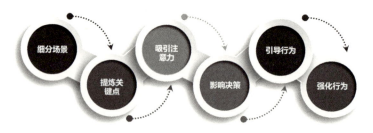

图 6-3 场景拆解的 6 个步骤

6.2.1 细分场景

就像需求可以拆解成一个个用户故事一样,场景也可以拆解成多个细分场景。这很有必要,因为有的场景覆盖范围很大,整体考虑时难以面面俱到,容易顾此失彼。比如,看电影这个场景可以分为选电影、选影院和场次、选座位、支付、取票、等待观影 6 个细分场景,如图 6-4 所示。这些细分场景构成了看电影这个完整的主流程,主流程里的每个环节都可以当作细分场景来进行单独设计,最后组合成一个完整的场景。

图 6-4 看电影的主流程

因此细分场景的关键是把业务的主流程梳理清楚,这和我们平时梳理业务需求是一样的。主流程里的每个环节都是一个独立的细分场景,可以针对用户在场景中的痛点与动机去设计和引导用户的行为。

细分场景里也有业务流程,一般称其为子流程。千万不要把子流程当作主流程来设计,它们之间是有很大区别的。最大的区别在于,业务脱离了主流程不能运转,而脱离了子流程还可以运转,只是不太完善而已。表 6-1 所示为看电影各个场景的拆解。

表 6-1 看电影各个场景的拆解

场 景	用户行为	商家行为	痛 点	动 机
选电影	看热门推荐，按评分排序，看预告片，直接搜索	公布已上档和即将上档的电影	不知道看什么电影，不知道电影是否好看	希望有电影推荐、电影评分
选影院和场次	近的场次评估是否赶得及；时间充裕的场次看哪个还有好座位；时间晚的场次考虑结束时如何回家	公布已安排的场次信息，包括开始和结束时间、放映厅	是否还能选到比较好的座位	个性化提示，方便在选场次时快速识别
选座位	选取最佳观影位置	公布放映厅所有位置信息，包括已售卖和未售卖位置	如何评定是否最佳观影位置	根据放映厅纵深和荧幕大小自动显示最佳观影区域
支付	预付费、当场付费，无现金支付、现金支付	先收费后给票	支付方式是否方便	关键是要方便，线上、线下均可
取票	柜台取票，取票机取票，电子票	提供纸质票据，核验电子票据	取票排队时间长，取票操作复杂	方便快捷的取票方式
等待观影	在候影厅等待	提供座位，售卖饮料和食品，提供按摩椅，送观影资料	等候时间长时候会无聊	舒适的环境，有特权的空间

将每个环节的独立场景单独设计,最终组合成整体,这是细分场景的核心目的。小而具体的场景更容易通过设计来满足。

6.2.2 提炼关键点

当一个场景下可以产生的行为较多时,我们可能无法一次对所有行为都进行设计和引导。我们的目标是影响用户行为,而用户行为主要受关键点的影响,次要点的影响权重并不高。这时我们应该抓住主要的,适当放过次要的,待有时间有资源时再慢慢完善。

比如在看电影场景下,第一步是选电影。当存在众多电影可选时,由于不能一次把所有电影都看完,因此如果用户观影目标不明确,则平台综合电影的分类、其他用户的购票情况、观影后的综合评分、观影后的评价,给出当期上映电影的推荐排序,能节省用户选择电影的时间。这里当期上映电影的推荐排序就是关键点,而近期上映的电影预告、评分较低的电影展示都是次要的。

提炼关键点有点类似于评估需求,评估需求时优先考虑的是业务价值,而我们提炼关键点时也主要参照价值,高价值点对用户行为起决定性作用,低价值点对用户行为起辅助作用。可以从如下两个方面来提炼关键点。

- **是否必然发生**。选电影时,我们通常都会先了解电影剧情、演职人员、导演、特色等,但很多时候我们无法根据这些信息来评估一部电影的优劣,而影评、观影感受能反映出其他用户对电影的评价,这些来自第三方的评价比较受用户信任。因此看评价是必然发生的行为。

- **是否深度参与**。用户在某个关键节点上所耗费的精力越多,代表这个节点越受用户重视。精力包括时间、注意力、思考等,用户参与互动的时间、集中注意力的时间、思考的时间越长，说明节点越关键。选电影时了解电影的过程是用户做决策的关键点，第三方评价信息是重要的浏览对象，用户会花精力去了解，那么评价信息就是关键点。

提炼关键点是场景化设计的核心步骤，特别是产品在MVP（最小可行产品）设计阶段时，更需要抓住各个环节的关键点，这样能节省成本，快速上线MVP模型去验证业务。上述两点可以帮助我们快速定位和判断关键点。

6.2.3 吸引注意力

为什么很多网站要用闪烁的按钮，要用四处漂浮的悬浮窗，要用GIF图片广告？核心都是为了吸引用户的注意力，让用户把目光聚焦在网站想重点推广的核心业务上。用户在集中注意力、产生行为之前必然会下意识地思考一个问题，那就是他需要关心什么，相应的信息对于自身所采取的下一步行动有什么帮助。

例如我们打开打车应用的目的是打车出行，什么样的信息能快速吸引用户注意并引导和促使用户下单呢？当系统自动定位到用户当前的位置时，会显示出附近的可服务车辆信息，车辆的多少对于用户来说意味着能否快速约到车，这一信息的展示很关键，可以快速将用户的注意力吸引过去。图6-5所示为某年国庆节期间某打车应用的快车界面，每辆小车上还加了个小红旗来吸引用户。

再举选电影的例子。当用户想看到核心的评价信息时，高亮且放大显示的评分信息、排行榜信息、影片关键信息等都是吸引用户注意力的关键信息。如淘票票的热映电影列表，按评分从高到低排序的电影，突出显示的评分值，加上导演和主演信息、排行榜信息、标签信息、热门影评，构成了电影简要信息介绍的第一信息矩阵。图6-6所示为淘票票热映电影列表的展示样式。

第 6 章 细化场景：运用四种方法明确场景

图 6-5 某打车应用的快车界面

图 6-6 淘票票热映电影列表

那么如何来吸引用户的注意力呢？我们不能再用那种影响用户体验的闪烁、漂浮手段来设计产品。在某种程度上，简约设计的理念能回答这个问题。一般可以从两个方面着手。

- **简明扼要**。关键信息的展示并不会因为堆叠而难看，如果展示不全，反而会被用户诟病。对于一部电影，片名、导演、主演、评分是关键信息。特别是主演，还要根据演员的知名度、受欢迎程度进行排序展示，毕竟展示位置有限，把核心演员展示出来更能吸引用户注意力。
- **情感化**。直击用户心灵的文案才是好文案，浮夸奢华的文案已经不被大众所接受。情感化的文案是设身处地从用户

111

角度出发，了解用户喜好什么、需要什么、在意什么，这样更能打动用户。图 6-6 中影片列表的标签信息和影评标题都是采用的情感化方式，现在很少见到类似"鸿篇巨制""×亿投入"这样的文案，因为用户对这类文案已经审美疲劳了。

6.2.4 影响决策

当我们找准用户的关键点并吸引到用户注意力之后，不能忘记我们的目标是让用户消费，这时就要去影响用户的决策，缩短用户的决策时间。

我们设计看电影流程的目的是让用户购票，选电影的下一步是选影院和场次，这就进入购票流程了。要清楚地引导用户找到购票入口，适当放置特惠信息让用户心动。在前面的动机分析中，我们知道让利是在消费场景中最能打动用户的。这个影响用户决策的方式其实是把动机外显出来，推动用户作出下一步行动。

影响决策的过程需要前几步作为支撑，如果前面的步骤出了问题，后面的效果就会大打折扣，这里有几个注意点。

- 描述要清晰明白。比如引导用户购买电影票时就和电商购物时不一样，这里"购票"要比"立即购买"更直白。
- 要有推荐信息。评分、标签信息、影评都是推荐信息，目的是引导用户作出下一步行动，让用户更有倾向性。
- 明确让利信息。让利是最能打动用户的，直截了当的让利能很好地打动用户。如果展示空间充足，完整展示优惠信息比仅显示"特惠"字样更好。
- 进行适当的情感化包装。不管是文案描述还是制造稀缺性，不管是借势社会舆论（如国庆献礼）还是利用心理学效应，都是在做加分项，辅助用户决策。

6.2.5 引导行为

在决策信息明确之后，接下来就是行动了，也就是我们常说的用户操作。操作看上去简单，但详细分析可知，引导用户完成操作有两大关键：一是用户有能力完成操作；二是有适当的催化剂。用户的操作能力是必不可少的，催化剂在这里可以是辅助手段，由于引导用户行为的关键在于"引导"而不是操作，因此催化剂是很重要的。

我们常说在合适的时间、合适的地点与合适的人物发生合适的事情。这句话里多个"合适的"后面跟着的时间、地点、人物都是催化剂。前四步的分析为用户接下来的操作奠定了基础，这四步的分析就是一个催化的过程。

新手引导、简化使用操作、提供教程、提供视频培训等都是赋予用户操作能力的手段。这里赋予用户操作能力不是指用户丧失了行动能力，而是在用户具备行动能力的情况下，教用户按照设定的流程操作。

"购票"按钮的高亮显示传递给人一种可点击、可操作的视觉信息，这就是催化剂。用户只要点击一下"购票"按钮就能进入购票流程，而这一次点击操作对用户是有能力要求的。这里不讨论用户是单手持机操作还是双手持机操作，最好的设计方式是在两种情况下都让用户具备操作能力。

6.2.6 强化行为

用户操作结束并不意味着整个行为完成，在交互设计上强调对于用户的任何操作都必须给出反馈。单次操作之后的反馈结束才算一次行为完成，这是单次操作的完成。我们的目标并不只是让用户完成一次行为，而是让用户按照我们设定的行为流程改变操作方式，让用户接受并最终形成操作习惯。在产品里加入了一些微创新的业务操作后，就需要引导用户改变原有的操作习惯，接纳新的操作方式，并习以为常。

不过要让用户形成习惯，关键是对于每次操作的反馈，要让用户感受到产品的稳定可持续服务能力。如果这次点击"购票"按钮进入的是选择影院的步骤，下次再点击进入的却是选择电影的步骤，前后反馈的不一致会让用户的学习成本倍增，不利于用户养成习惯。所以反馈的一致性很重要，能让用户积累经验，在下次操作时加快速度。

另外，先选电影再选影院和先选影院再选电影这两种操作分别适合两种场景：前者对于观影地点要求不高；后者对于观影地点要求较高，地点会影响去观影的路途时间。这种情况下，可以根据两种场景设定两个前置流程，两者相互之间是兼容的，这样的设计可以让用户在多点操作的情况下仍旧能得到一致的购票流程体验。图6-7所示为淘票票的影院列表展示界面。

比如淘票票的产品设计，"电影"列表的操作流程是选择电影购票→进入电影介绍界面→点击"购票"按钮进入影院和场次选择界面；"影院"列表的操作流程是选择影院→进入电影和场次选择界面，点击电影进入电影介绍界面，这变成了子操作流程。两个入口的操作实际上差异并不大，只是把电影、影院分别和场次进行了组合，确保了后续流程的一致性。

以上就是场景拆解的6个步骤。与动机分析相比，场景拆解更具象，但两种方式的出发点是一致的，即从用户需求出发引导用户行为。

第 6 章 细化场景：运用四种方法明确场景

图 6-7　淘票票的影院列表和电影列表并列展示

6.3　场景调研沟通法

我们日常的沟通普遍存在效率不高的问题。沟通过程中，一个人通常只能表达出心中所想的 80%，而对方接收到的最多只有 60%，听懂的只有 40%，结果执行时就只剩 20% 了。心中的想法也许很完美，但落地执行起来却差之千里，这是由"沟通的漏斗"造成的，因此必须采取适当的方法解决这一"漏斗"问题。这个"漏斗"也就是我们常说的沟通成本，降低沟通成本是所有人都追求的。

我们在分析场景的时候，需要与用户、相关涉众频繁沟通，沟通的结果会直接影响场景分析的准确性。围绕单个场景展开对话时，在沟通的方式方法、沟通的效率、沟通的效果、沟通后的反馈层面都需要做好控制。

6.3.1　结果先行

我们在沟通的时候往往习惯先说各种各样的背景情况和原因，最后才会把结论带出来，认为这样比较容易让沟通对象产生共鸣。但我们往往忽略了一个现实情况：人们在沟通的过程中，注意力集中的时间是有限的，关注度是跳跃式的。人们刚开始可以保持倾听状态，一旦过了注意力集中的时间段，而又没有听到有价值的内容，就容易分散注意力，最终导致沟通成本上升。

节省沟通双方的时间是相互尊重的表现，一开始就把关键结果信息提供给沟通对象，可以让沟通更有效。这样不仅可以帮助你更清楚地表达观点，也可以让对方准确、快速地理解你的观点。比如在调研用户选择电影场景下的诉求时，一定要基于调研的目的展开沟通，而不能为了拉近与用户的关系，聊一些无关紧要的信息。明确我们的目标就是弄清楚什么关键点会影响用户选择电影，直接把我们梳理好的关键点提供给用户选择，这样才能把这个场景下的用户诉求调研准确。

结果先行的沟通方式会先抛出结果信息，然后沟通双方围绕结果进行讨论分析，沟通的目的就是让大家在某一问题上达成一致。在有预先结果的情况下，大家的沟通不容易跑题，会更聚焦。图 6-8 所示为结果先行沟通方式的结构化示例。

图 6-8　结果先行的沟通方式

另外我们在做产品设计时会有很多假设,这些假设其实也是一种结论,提前把假设的信息抛给用户,让用户判断假设是否成立,会影响后续的调研过程。我们在分析用户场景时,如果毫无准备,基本上很难从用户口中调研出场景中的全部细节,因为沟通存在"漏斗效应",即便是我们这样的专业人士,能表达出自己想法的 80% 就不错了,更别说是普通用户了。

我们在调研用户选电影这个场景时,如果有一张具有视觉冲击力的电影海报能吸引用户注意力,如果我们梳理出的关键点都是用户感兴趣的,沟通就会比较顺利。你让用户自己表达选择电影的喜好,如果用户来一句"我都是根据自己的喜好选择的",沟通就难以进行下去了。

6.3.2　借助媒介

媒介就是沟通的渠道,比如产品经理依托一份 PPT 来介绍产品，这份 PPT 就是沟通的媒介。首先我们需要达成一个共识——借助辅助介质的沟通比单纯的对话更有效，然后在此基础上说明辅助介质的重要性。从信息传达有效性的角度来看，各类媒介的沟通效率为，文字＜图片＜声音＜视频（"＜"代表"逊色于"），视频的信息传达效果是最好的（制作成本也是最高的）。

在产品设计过程中，如需要向用户说明设计方案，单纯口头沟通的效果肯定不及有实质交付物的沟通，这也是我们通常会在产品投入开发之前做一轮可用性测试的原因。原型支持动态演示，其效果甚至可以接近视频，给用户一个非常直观的感受。每个界面、每个交互操作都可以在原型上表现出来，这样就能大大减少沟通的时间，且借助原型展示能缩小现实与预期的差异。如图 6-9 所示，原型的呈现效果能更好地辅助沟通。

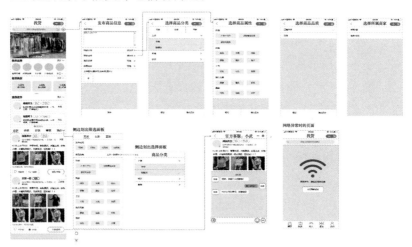

图 6-9　原型的呈现效果更直观

除了较复杂或对保真度要求较高的原型外，原型的制作成本和演示成本一般较低。我们在描述一个功能时，可能花了很长的时间仍不能完全描述清楚，且用户理解能力存在差异，导致效果不太好。而有了原型，演示一目了然，用户结合自身的判断与演示者的描述，理解起来就不那么费劲了。原型还有一个好处是能吸引沟通对象的注意力。在一般的沟通会上，如果不依托任何介质，只是单纯地讲话，效果往往不好，下面的参会者各干各的，但如果有PPT或原型演示，则更能引起大家的注意。

比如我们向用户讲解选择电影的几个关键点，如果只是介绍关键点的由来和作用，用户可能会认可，但最终还是要看关键点呈现在界面上的效果。假如评分的权重很高，但展示效果却不明显，就显现不出其重要性了。有了原型的展示，用户可以更为直观地看到将来产品成型的效果，更能依据自身情况作出判断，这也是可用性测试的价值。

一般来说，要提升沟通的有效性，可以用以下几种方式。

- **借助参照物来表达**。有原型最好，在没有原型的情况下，拿纸笔画一下，效果也比纯口头的沟通要好。很多时候讲半天对方都不理解，画一下对方立刻就理解了。
- **举例说明**。生硬的表述不如案例生动，不管是业务场景下的实例，还是举假设数据的例子，都比生硬地表述逻辑要求、条件限定更直接。
- **引导对方把顾虑和问题说出来**。有的人比较内向、害羞或谨慎，明明看到了问题，但碍于面子或出于其他什么原因，不愿意开口；或者他自己还不确定，不愿意说。这种情况下，一定要营造轻松、开放的沟通氛围，多确认几次对方还有没有问题，有没有真正理解。
- **复述确认**。对于一些关键点，如果你不确定对方是否已经理解，可以引导对方复述一遍，看他所表述的内容是否与你传达的一致。这是一种比较好的信息确认方式。

6.3.3 换位思考

产品经理不能只站在自己的立场上思考问题，你所要的和对方所要的常常是不一样的，因此你要学会换位思考。要意识到沟通的目的是解决问题，而不是其他无关紧要的事情。对错、输赢都不重要，重要的是你要解决的问题有没有解决。不必纠结谁对谁错，否则容易让对方产生逆反心理，拒不承认错误且消极沟通，这对你要解决的问题一点帮助都没有。

产品经理在与人沟通的时候不能只用一种沟通方式，不同的人信息接收能力、理解能力不一样，性格、喜好等也不一样，同一种沟通方式不会对所有人都有效。你不必八面玲珑，但至少要会随机应变，当发现你的沟通方式对某人无效的时候，尝试着换一种可能更有效的沟通方式。

在讲换位思考的沟通技巧前，有两个方面需要特别注意。

一是要收敛个性。在工作当中，太过强势、太过独断、无理取闹等，可能会妨碍你进行沟通。

二是要注意说话方式。在沟通的过程中要稍微注意一下说话方式，你无法确保听的人和你有一样的认知，要注意转化语言或者表达方式。

注意了以上两点之后，可以选择性地掌握一些沟通的方式方法。

（1）沟通前打草稿

把要说的每一件事情、沟通的目的写在笔记本上，带着草稿去找对方沟通会有意想不到的好效果。

第一，可以避免因临场紧张而忘事。有的人在与他人沟通，特别是与第一次见面的陌生人、上级领导沟通时会紧张，说着说着就会忘记一部分事先准备要说的事，这时你的草稿能时刻提醒你还有哪些事项没有沟通。

第二，可以避免沟通过程中跑题而且收不回来。跑题不可怕，可怕的是跑题了之后回不到正题上，因为已经不知道原来的正题说到哪里了，这时你也会用到你的草稿。

第三，可以让沟通的过程显得有条理。先说什么后说什么，很多时候是很关键的，特别是当几件事情之间有上下关联关系时，合适顺序可以让沟通的效果更好。

（2）要以理服人

沟通的过程中非常忌讳不讲理或者强词夺理，这会让对方感到非常不舒服。对于产品经理而言，良好的分析能力可以让你对事物的判断具备逻辑性，一定要讲得有理有据，说服对方。

尽量少用"我觉得""我认为""领导说的"这样的开头，这只会让你的观点显得苍白无力。你可以把自己的分析过程讲给对方听，在阐明事情的同时可以说一下前因后果，这样能增加强信息表达的逻辑性。

除了自己的表达要有理有据之外，也要倾听别人有理有据的观点。基本的沟通原则是：谁更有道理就听谁的。你的观点或结论被人推翻并不是什么坏事，你反而能发现自己原先分析过程当中的不足。

（3）从对方的角度出发

"换位思考"这个词相信大家都已经听过很多次，但真正能做好的人不多，可能是部分因为本位主义思想是每个人与生俱来的，而为他人着想则需要刻意为之。每个人所处的环境和立场不一样，工作中的考核方式也不一样，就会造成不同的人对同一件事有不同的看法。

这时要想提升沟通效率，你首先得站在他人的立场上思考问题。比如用户选择看什么电影的依据肯定和你是不一样的，你可以讲述自己的观点，但也要倾听用户的声音，然后依据对方描述的情景设身处地地去想，你如果遇到类似情况会怎样选择。

没有汽车的人做自驾游产品，会有先天缺陷，因为没有经历过、没有类似场景的经验，他们很难换位思考。所以我们在提升专业能力的同时，还要多观察生活、体验生活，丰富生活阅历。产品设计是个来源于生活而又应用于生活的过程。

（4）促成双赢的合作

沟通的目的是双方达成一致认知，而一致认知在很多时候是建立在共赢的基础上的。最有效的沟通是 100% 为他人着想，不过这种奉献精神不可能贯穿你的工作始终，你肯定也会有你自己的诉求。因此最佳的沟通结果是双赢，既考虑了对方的利益，也照顾了自身的诉求。比如用户只想快速选择自己想看的电影，但你会有基于整体产品设计的考量，这就需要你去做平衡和取舍。

6.3.4 注重反馈

反馈是需要沟通对象来完成的。你讲完你的观点，用户提出疑问，这就是反馈。我们在讲解方案的时候都希望获得反馈，这样沟通才有意义；只是单方面讲解，不顾其他人员的意见，甚至不给他们反馈的机会，都是不可取的。有时候也会出现信息不够吸引人，无法得到有效反馈的情况，那要如何获得反馈呢？

第一，要调动参与者反馈的积极性。营造一种轻松融洽的氛围，不要太过严肃和紧张，而要以平等、虚心求教的心态与人沟通。有些产品经理本身专业性很强，描述的时候大多采用专业术语，或者采用非常严谨的语言，先不论沟通的对象是否能够听明白，这样的方式本身就会营造很严肃的气氛，不利于参与人员畅所欲言。此外，沟通中表现得太过强势会引起对方的逆反心理，会拉大与他们的心理距离。因此在沟通的过程中，产品经理作为主体要放低姿态。

第二，要注重信息的传递。首先，要能向用户传递足够多的信息，产品本身的功能可能很简单，但也要用足够多的信息引导用户反馈；其次，要营造一种可信任感，获取不到用户的信任自然不会有反馈；最后，要有反馈的渠道，适时地引导用户发表自己的看法。

第三，面对面沟通。面对面沟通是获取反馈最有效的方式，有问题可以当面问清楚。面对面沟通能尽可能降低"沟通漏斗"效应，获取到足够多的有效反馈。另外要注意沟通的时长，不要让用户觉得所花费的时间成本过高。

以上是在做场景调研时可以应用的一些沟通方法。随着阅历和经历的增长，每个人都会形成一套自己的沟通方法。在这个过程中你可能频频碰壁，不过没有关系，只要你不一味地坚持"我的沟通没有问题"，及时调整，对不同的人采用不同的沟通方式，最终你会找到最适合自己的沟通方法。

6.4 用户行为流程涉众分析法

在很多场景下，用户行为除了受用户自身影响以外，还受到同一场景下的其他人的影响。这是因为在这些场景下，用户行为不是个体决策下的行为，而是多人共同决策下产生的。在多人决策中，除用户本身之外的其他人称为"涉众"。涉众是与用户完成核心流程环节相关的人和事物。涉众不一定是目标用户，但其会对用户行为产生影响，进而影响用户最终的操作。

一般来说，涉众分析包含两个方面。

一是**涉众识别**，目的是确定各个涉众及其所属的类别。假设某男性用户想带着女友一起去看电影。该用户自己可能会看评分、评价、导演等，而其女友只喜欢某位主演，不管这位主演演什么电影她都想看。他很有可能会为了讨女友的欢心，放弃自己想看的电影而选择女友想看的电影。这种场景下，虽然使用产品的是该用户，其女朋友并没有使用产品，但其女友的喜好改变了他的选择行为。这个事例里用户的女友就是涉众。

二是**涉众描述**，描述涉众的基本特征。这有点类似于用户画像，只不过用户画像针对的是产品的目标用户，而涉众描述针对的是影响用户行为的涉众。上述事例中的"女友"就是对于涉众的描述，它表明了涉众的某种身份，以及这种身份所隐含的会对用户行为产生决定性影响的特征。

在场景分析中，因为加入了情景元素，我们需要考虑更多可能会发生的情景。比如用户一个人去看电影，本来打算去看评分排名第一的电影，但因为电影海报的设计而改选排名第二的电影；或者用户与多人一起去看电影，团队成员中每一个人的意见都可能会影响到用户最终的选择。成员有可能是男女朋友、普通朋友或者家庭成员。

那么到底如何进行涉众分析呢？这里有必要弄清楚如下几个问题。

1）我们是否需要把所有的涉众都列示清楚？

涉众包含人和事物，有多种情况，我们不可能一一考虑到，但我们要尽可能列示全面，这对后续的分析会有很大帮助。对于"事物"一类的涉众，可以围绕场景发生的主体来列举。比如在选电影的场景中，场景主体是与电影相关、会对选电影这件事产生影响的事物，如别人的剧透、朋友圈的分享、公交车站的广告、室外的宣传海报、工会等团体组织的观影活动、口碑推荐等。

对于"人"一类的涉众，可以围绕目标用户群体的画像来列举，比如产品面向年轻用户群体时，就列举会与年轻用户产生关联的人，如男女朋友、同事、普通朋友、家人、亲戚、网友等。相比事物类，这类要好列举得多，毕竟与人相关的角色类别有限，而前者只有发生过、经历过、听说过才能列举出来。

2）我们是否需要考虑所有涉众可能会对用户行为产生的影响？

涉众可能会有很多，如果逐个考虑，全部满足，工作量会非常大，但也不是就不需要考虑了，而是要抽取涉众的共性，然后基于共性来设计和满足。

比如上述列举的涉众，事物类的共性是通过视觉传达来改变用户行为，共性可能是电影海报或剧照、时长较短的预告片或视频片段。人的共性可以借鉴我们做场景调研时的沟通方法，从调研结论中抽取出涉众之间的共性。比如把对选电影决策影响排名前三位的涉众列示出来，涉众可能对导演、主演等更为看重，而不看重评分。

3）我们设计产品时要如何兼顾涉众对用户行为产生的影响？

既然发现涉众对用户行为有影响，那我们在设计产品时，除了考虑目标用户群体本身的特征以外，还需要考虑涉众的共性特征。所以在考虑兼顾涉众的时候，要重点考虑涉众的共性，特别是多个涉众都具备的共性，即抽取出关键涉众共性并予以满足。然后基于产品设计的要求，如版面布局、美观程度等，综合考量各个关键点的分布。

涉众分析的根本目的是找出对用户行为起决定性影响的关键涉众的共性，然后把这些共性与目标用户群体的特征相结合，最终组合出尽可能多的满足用户和涉众利益的产品设计方案。

6.5 本章小结

本章介绍了细化场景的四种方法，即用户行为动机分析法、场景拆解法、场景调研沟通法和用户行为流程涉众分析法。在日常工作过程中，可以运用这些方法去明确场景。

场景化设计研究中很重要的一部分是用户心理活动对产品使用的影响，下一章将从用户心理活动研究的角度来分析场景，一起来分析场景化设计如何指导产品设计。

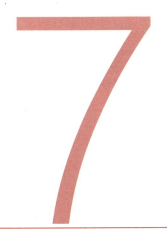

| 第 7 章 | CHAPTER

深入洞察：基于用户心理的场景化设计

在用户研究和用户分析领域，除了研究用户的画像特征外，我们还会着重研究用户的消费心理，比如研究消费者在消费活动中的心理现象和行为规律，或者抓住用户在特定环境、时间、地点、人物等的作用下的心理活动，有针对性地策划营销活动，实现运营效果最大化。

而在产品设计领域，我们也可以基于用户心理进行设计，场景化设计研究中一个很重要的因素是用户的心理活动对其使用产品的影响。本章将通过一些可以影响用户心理活动的设计方案，从贴心、高效、情感化需要三个方面来剖析如何用场景化指导产品设计。

7.1 由场景变化引起的用户心理变化

在特定的环境下用户会变成特定的样子，相信大多数人会认可这个说法。不管是心理活动，还是随之而来的行为活动，都与场景的变化息息相关。反过来说，在产品上营造出可以影响用户心理活动的场景，从而导致用户行为发生变化，是可行的。

喜欢看武侠小说的人可能都熟悉古龙一贯的叙事风格：从场景切入，营造出别样的氛围，让读者产生场景代入感。例如在《多情剑客无情剑》中，一句"冷风如刀，以大地为砧板，视众生为鱼肉。万里飞雪，将穹苍作洪炉，熔万物为白银"，画面感极强，很容易将人带入极寒天气下的场景，让人看得打哆嗦。

由场景变化引发的用户心理变化很常见，比如在准备去旅游和准备出席正式场合时，你在穿着打扮、出行工具、所携带物品上的选择以及所酝酿的准备心理都是不一样的。这种不一样并不是个体差异导致的生理需求差异，而是在个体相同的情况下，由"旅游"和"正式场合"这种外在场景直接激发的。不同的场景会激发用户不同的心理状态，进而产生不同的需求动机。因此，旅游类 App 产品会在界面设计、版面布局、操作流程上营造一种轻松愉悦的氛围，穿版模特在展示休闲风格的服饰时，搭配的都是色彩比较绚丽的服装；而商务型 App 产品则营造的是一种相对严肃、正式、简约的商务气氛，穿版模特在展示通勤风格的服饰搭配时讲究的是气质、专业形象。场景变化所激发的用户心理变化既可以应用在产品设计上，也可以应用在运营和营销上。

下面举两个例子来说明对场景变化所引发用户心理变化的应用。

例一：热点事件下的用户心理

在互联网时代，信息大爆炸，不仅量大，而且传播速度极快，如果不加筛选，我们很容易被淹没在浩瀚的信息海洋中。正是这一点催生了读书会、导读等互联网产品或服务，其特征是面向特定的人群提供信息筛选服务。

在这样的网络信息环境中，当你无意间看到一件让你难以置信的事件时，你很可能会持怀疑态度；而当网络上铺天盖地全是关于这个事件的新闻时，你的心理可能会产生如下几种变化。

1）认为该事件有成为热点事件的趋势，可以考虑蹭一波热度。这种心理通常被运用在运营上，运营人员通过蹭热点事件，为产品或活动吸引流量，这部分流量来源于那些处于从怀疑到求证阶段的人们。

2）认为该事件可能是事实，随大溜，选择相信。从众心理是一种很常见的用户心理，后面的章节会介绍。

3）持怀疑态度，但会主动去深入了解、求证。针对这类用户，一些内容媒介类产品会就热点事件开专题，重点收集相关的材料并聚合展示，吸引他们关注专题的内容更新，进而关注产品本身。这种方式带来的用户普遍黏性很高，至少在事件保持热度期间是如此。

4）认为该事件就是事实，不去求证，坚决相信。这种属于盲从心理。由于有的用户群体的认知和辨别能力有限，人云亦云的现象很常见，这类用户很容易被引导。我们经常看到在微信朋友圈里，对于同一个事件，前一天都在分享持某个观点的文章，仅过了一天就又都开始分享持另一个观点的文章了。

网络热点造成用户所在的网络环境变化，从而导致用户所处的场景发生变化，最终引起用户在面对某一事件时心理的变化。很多热点事件的背后都会产生上述四种用户心理，大家可以根据事件的形态评估能否将其应用到产品设计或运营推广中。

例二：似曾相识的感觉

有时候我们对眼前的场景有似曾相识的感觉，从而产生亲切的心理状态。据非官方调查，70%的人有过类似的经历，这是一种神奇的感觉。对一般人来说，引起这种感觉的途径有视觉（某个背景、某种颜色组合）、味觉（某种特别的味道）、听觉（某句话、某个声音）或这几种感觉的综合。

大部分人会对似曾相识的场景产生相应的心理活动，这是重点，我们不必纠结于这种场景是否真的发生过且用户经历过。事实上，没有发生过的场景也可以应用，因为场景的创造依赖于创造者的经历和经验，不管是凭记忆组织的碎片化场景还是虚构的场景，都和创造者的想象力有很大关系。

在电影、游戏、照片、生活中看见过某个场景，用户的记忆经过加工和存储后，只留下了一些特定的元素或关键词，比如一个场景、一句话、一种味道、一种语气。以后一旦经历的某个场景符合这种元素，用户记忆中的感受就会被唤醒，但是回忆有时会出问题，用户想不起这个场景发生的时间及来龙去脉，这时就会有经历过这一切的似曾相识之感。

有些产品或运营活动利用这一特点，专门设计怀旧风格的主题以引起用户的心理共鸣，从而达到触达和营销的目的。常见的"80后的记忆""80后怀念的味道""90后小时候干过的趣事"等，都是利用的这一特点。这种设计方式常应用于产品的前台自定义分类、活动专题、Banner 展示、文案设计引导等。比如，现在很多电影、电视剧、短视频等会将过去经典电影中的经典片段、台词桥段进行剪辑制作，以引起观看者的心理变化，这就是通过创造似曾相识的场景来激发用户的心理变化。图 7-1 所示为基于用户可能经历过的场景来设定心理 FM 的主题。

美国心理学家、传播学的奠基人之一勒温提出心理学的场论，该理论认为，个人与其活动的空间是一个心理场。在这个心理场中，个人和环境是两个主要成分。个人的行为是个人和个人所处环境共同作用的结果,即用户的行为 B 是个人 P 和环境 E 的函数。勒温认为,人就是一个场,人的心理现象具有空间属性,人的心理活动是在一种心理场或生活空间中发生的,也就是说,人的行为是由场决定的。心理场主要由个体需要和他的心理环境相互作用的关系构成。它包括可能影响个人的过去、现在和将来的一切事件,这三方面的每一方面都能决定任何一个情景下人的行为。

图 7-1 基于用户可能经历过的场景来设定主题

环境的变化即场景的变化,所以场景变化能引发用户心理变化。这种场景变化与人们的生活息息相关,它具备如下几个特点:

- 与人们的生活场景紧密相关,越是普遍的场景变化,越能引起用户的心理变化；
- 基于特定生活场景所引发的心理变化，精准度高，容易把握，有利于提升转化率；
- 将心理变化与引导的用户行为结合起来分析，有助于了解用户的消费特征。

7.2 以贴心为目标的产品设计

用户体验的最高境界是在用户无感知的情况下，帮助用户便捷地解决问题，让用户在使用过程中感到舒适。要达到这种效果，需要分析用户在特定场景下的预期操作，即进行基于场景的用户行为动机分析。针对用户在特定场景下的需求分析，预测用户下一步的目标行为，并基于此分析结果，通过细节设计手段，在一定程度上满足用户的操作预期，或辅助用户达到下一步的目标，让用户感到贴心与感动。

比如当下有很多 App 实现了自动抓取手机截屏操作的功能。用户在使用 App 的过程中突然截取当前屏幕，这很有可能是因为用户在使用产品的过程中遇到了问题，需要反馈给平台。因此在抓取到用户的截屏操作时，给予用户一个快速反馈的通道是符合用户的使用诉求和场景的，这种体验设计非常贴心。图 7-2 所示为曹操专车 App 监控用户截屏操作的交互设计。

场景

用户在使用产品的过程中进行截屏操作。

用户行为动机分析

1）用户在使用产品的过程中遇到问题，进行截屏存档，以便在反馈的时候举证。在这种情况下，产品可以提供一个快速反馈的通道入口，在用户截屏后立即弹出入口，且在用户点击"反馈"按钮后，自动将图片带入反馈表单的详情中，并定位到产品当前界面的路径，这样不仅可以大幅降低用户反馈的成本，而且可以收集相关的数据，方便后续的问题定位和分析。

图 7-2　曹操专车 App 的截屏交互设计

2）用户觉得产品好用，想截屏分享给好友。这是所有产品经理和产品运营都喜闻乐见的场景，产品有了好口碑，当然要为口碑传播大开方便之门。在用户截屏后立即弹出分享入口，用户选择常见的微信、微博等渠道后即可对外分享。

3）用户截屏是为了教会好友使用产品。这与上述第二种情况类似，教别人使用其实与口碑传播差不多。

4）用户只是截屏，无法预知其下一步动作。不能预测用户下一步操作的时候，宁愿不去干扰用户，也不要进行多余的设计。因此在假设第 1～3 点成立的情况下，弹出的界面仍需加上 3 秒内无操作自动收起的功能。当然，停留时间不一定是 3 秒，可以根据不同产品的不同目标用户群体来设定。

5）用户是想联系客服咨询使用问题或疑惑。因此弹出的界面上还可以增加一个在线客服的联系入口，方便用户快速与客服聊天。

再比如华为手机普遍带有情景智能的功能，可以根据机主的使用情况智能聚合快递信息、出行航班、高铁信息、应用使用情况等，还可以进行热点推荐和新闻推送。图 7-3 所示为华为手机自带的情景智能设置功能。

图 7-3　华为手机的情景智能设置

场景

用户在使用华为手机的过程中，通过桌面浏览快速获取关键信息，无须逐个 App 点开查看。

用户行为动机分析（以出行场景为例）

用户通过携程 App 购买了从深圳去往北京的飞机票，其中包含出发地、目的地、出行时间、到达时间、航班信息等关键信息，用户可能需要如下服务：

- 出行提醒，在飞机起飞时间前 3 小时提醒用户动身前往飞机场；
- 航班是否延误的提醒，若是准点则需要按时出发，若是晚点则可以晚些出发；
- 目的地的天气情况，如气温、是否下雨等，提醒用户穿衣及是否需要带雨伞；
- 出发前和到达后的出行服务，接送机的方式；
- 目的地的酒店预订服务；
- 候机期间了解近期发生的热点新闻和事件；
- 其他相关服务。

一般情况下，要完成上述服务的设定，用户需要分别使用闹钟、航班服务、天气、出行、旅行服务、新闻等多类 App 才能完成。而华为的情景智能提供了统一的聚合入口，用户可以便捷地完成相应服务的设定，且聚合入口在桌面上，用户不需要去找 App 入口。图 7-4 所示为华为手机情景智能功能里基于出行场景提供的信息服务。

这种设计就是贴心的体现，它将用户预期要完成的操作目标以便捷的方式呈现在用户面前，用户只需要傻瓜式的操作即可满足相应的需求。

图 7-4　基于出行场景的华为情景智能服务

以贴心为目标的产品设计有可能需要付出高昂的代价，并不适合产品的每个阶段，但在有些场景下，它却是决定胜负的关键。比如，汽车行业现在逐渐开始应用的前挡风玻璃 HUD（抬头显示）技术虽然成本较高，但极大提升了车主的驾驶体验。如图 7-5 所示为某汽车前挡风玻璃上的 HUD。

图 7-5　汽车前挡风玻璃上的 HUD

用户在行车过程中需要集中注意力注视前方，尽量减少低头操作或低头看手机屏幕导航的情况。HUD 技术非常贴心地解决了这个问题。有了它，驾驶员不必低头就可以看到信息，从而避免分散对前方道路的注意力；驾驶员不必调节眼睛在观察远方的道路和查看近处的仪表、手机屏幕之间切换，从而缓解眼睛的疲劳。这种设计大大提高了行车的安全性，不可否认是一种很贴心的设计。

7.3 以高效为目标的产品设计

高效是就效率的提升而言的，即让用户在相同的时间内完成比正常情况下更多的任务，而且质量一样甚至更好。在产品设计上，一般可以从减少用户的操作步骤、系统自动完成、即时响应式反馈、突出关键操作、原操作行为替换五个方面来整体提升用户的操作效率。

7.3.1 减少用户的操作步骤

通常我们对高效的理解都是减少用户的操作步骤，提升用户的操作效率。从用户操作场景的角度分析，用户的每一次点击、滑动都是一个操作步骤。以微信的"扫一扫"功能为例，其打开操作有如下两种常规的路径：

- 找到微信 App→点击打开微信→点击首页右上角的"＋"→点击选择"扫一扫"按钮；
- 找到微信 App→点击打开微信→点击底部 Tab 切换到"发现"页→点击选择"扫一扫"按钮。

可以发现这两种操作路径的步骤数是一样的，都是 4 个步骤。从产品设计优化的角度考虑，如果"扫一扫"是一个高频操作，那么可以将其单独提取出来，在微信首页左上角放置一个"扫一扫"的按钮，这样能减少一个步骤。为什么微信没有这么设计呢？可能是考虑到操作的一致性，同样的操作按钮入口排版要一致，左上角一个、右上角下拉多个会比较奇怪。或者像电商 App 那样把"+"下的几个核心操作设计为功能区置顶,但这样就占用了首页核心展示聊天内容区域的空间,有点得不偿失。

iOS 系统的 3D Touch 技术提供了更好的操作优化可能性,可以在桌面上长按微信 App 图标来唤起常用的操作(见图 7-6),这样也能减少一个步骤。不要小看减少的这一个步骤,从上面的设计分析过程也能看出,当操作流程优化到一定程度时,进一步优化就会越来越难。

图 7-6　iOS 系统中 3D Touch 技术在微信上的应用

7.3.2 系统自动完成

通过上述方式减少的步骤不再需要用户操作，这相当于**将目标操作环节前置**，缩短了用户的操作流程，且方便用户快速找到目标操作，更为高效。还有一种减少步骤的方式是把本来需要用户完成的操作改为系统自动完成，相当于系统替用户执行了某个步骤，这样也减少了用户的操作步骤，辅助用户达到操作目标，提高用户的操作效率。

如 7.2 节所述，系统通过监控用户的截屏操作，把用户下一步需要操作的入口直接呈现出来，缩短了用户的反馈流程。不过这种设计基于的是对用户下一步行为的预测，不能保证百分百准确。

还有一种系统自动完成的设计是自动识别填写，比如有些表单需要填写身份证信息，包括填写姓名、身份证号码、有效期，上传正、反面身份证图片，一般需要分五次操作才能完成，而好的设计可以利用身份证的扫描识别技术，只需要用户上传正、反面身份证图片，系统自动识别并填写姓名、身份证号码、有效期三个元素，用户只要确认一遍信息即可，这相当于系统替用户完成了三个操作步骤。银行卡的信息填写、个人名片的信息录入场景也类似，都可以利用相应的扫描技术来减少用户的输入环节，从而提高录入效率。

这种系统代替用户手动操作的方式相当于**系统提供了辅助的功能**，能让用户快速达成目标操作，提高用户操作效率。这种方式当下比较流行，比如应用在产品的注册或登录流程上，可以直接获取并填写手机的本机号码，不需要用户输入，直接获取并填写短信验证码就可以完成注册或登录。这种方式依赖于第三方接口，用自动识别代替用户的手动输入，既能提升效率，又能提高准确性。

7.3.3 即时响应式反馈

第三种方式为**即时响应式反馈**，常见于一些表单填写的输入格式校验，比如常见的注册界面的信息填写校验。以只输入手机号码和密码为例，格式要求如下。

- 手机号码有 13 位的限制，必须是纯数字，且前缀 3 位有特定的格式。
- 密码也有位数限制，比如必须是 6~12 位；有输入格式要求，比如必须有数字、字母和符号。

如果在点击"注册"按钮时才进行校验，按照先校验手机号码再校验密码的顺序执行，假设两者的输入格式都有误，则用户的操作次数会很多，需要完成以下步骤才能校验成功。

输入手机号码→输入密码→点击"注册"按钮→修改手机号码→点击"注册"按钮→修改密码→点击"注册"按钮。

若在输入的过程中就给出即时反馈，则用户在不间断输入的情况下单项输入算一次操作，只需要输入手机号码→输入密码→点击"注册"按钮即可校验成功。因为校验的步骤在输入的过程中就已经完成，所以不需要用户额外点击来触发校验。图 7-7 所示为模拟注册账号时的输入即时校验效果。

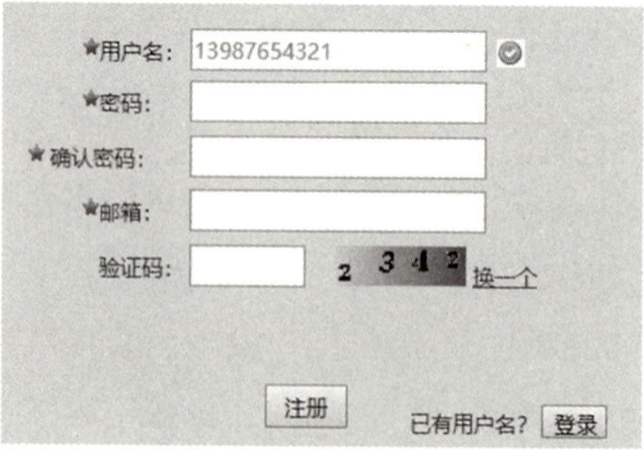

图 7-7　模拟注册账号时的输入校验效果

7.3.4 突出关键操作

第四种方式为突出关键操作，吸引用户的注意力，降低用户的思考成本，从而提高其操作效率。在特定的场景下，可以把关键操作突显出来，提醒用户进行对应的操作。

这种方式在电商类 App 中比较常见，比如商品详情页上的"立即购买"按钮，购物车界面中的"确认下单"按钮等。这些按钮一般会用比较醒目的颜色（如红色）突出显示，而其他操作按钮则用普通颜色来显示。这就是在提示用户在对应界面的场景下，点击高亮按钮才是正确的。

还有一种设计方式是把常用操作单独拿出来放在重要的位置。比如名片全能王把名片拍摄按钮放置在底部 Tab 栏的中间（见图 7-8），对于名片类 App 产品来说，录入名片信息就是最常用的操作。

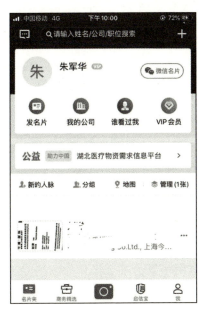

图 7-8　名片全能王底部 Tab 的名片拍摄按钮

另外，一些内容社区类 App 会把发布按钮放置在底部 Tab 栏的中间，常见的有一个大大的"＋"，这种设计都是把关键操作突显出来，以提升用户使用相应产品的效率。

7.3.5 原操作行为替换

第五种是原操作行为替换，这种方式应用得相对少一些。比如当某个页面展示的信息比较多的时候，默认是收起状态，此时按钮显示为"展开"，点击后会展开全部信息，此时按钮变为"收起"，原位置不变，但按钮的名称和操作结果变了。图 7-9 所示为订单列表界面中的展开和收起操作。

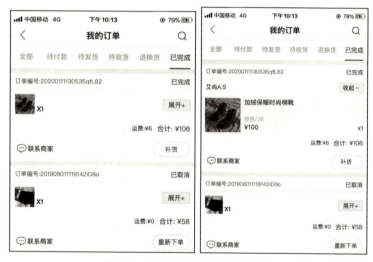

图 7-9　订单信息的展开和收起操作

这种方式的应用场景为某个操作触发场景变化后，原操作行为已经不适用于新的场景，因而需要将其替换为新的操作行为，位置不变，而功能发生变化。为用户提供对应场景下所需要的操作行为，也能够帮助用户提高操作效率。

可以说以高效为目标的产品设计都是基于特定场景下用户的目标操作进行的，目的是减少用户的学习和思考成本，减少用户的操作环节，从而最大限度地提升用户的操作效率。

7.4 以情感化为目标的产品设计

情感化的产品设计主要是从细节出发，去满足特定场景下用户的特定情绪所带来的情感需求，让用户感动，给用户惊喜。这种设计方式比较难衡量，需要具体情况具体分析。情绪是非标准化的，我们无法用工具衡量用户的情绪，自然使用某种设计方式来满足情感需求时，无法衡量满足的效果。

情感化设计十分常见，很多产品在首页中会根据一天中的时间段分布向用户打招呼，如"上午好/下午好/晚上好"，这就是最基础的情感化设计。

想要在情感化的产品设计上下功夫，获得用户的认可，就需要分析用户在特定场景下的状态，懂得他们当时的需求。这就要求我们除了分析用户的需求外，还需要深入了解用户的心理状态和情绪。如果说现在的产品设计大多数仅满足用户物质层面的需求，那么情感化的产品设计还要考虑满足用户精神层面的需求。

我们在设计产品的时候，只是进行换位思考还不够，还要感同身受。比如我们在测试产品的时候，如果自己都觉得填写表单信息很麻烦，就要考虑用户在填写时是否也会觉得麻烦，填写的项是否太多，有没有哪些项是可以后置填写的；比如我们会要求在提醒异常或注意事项时，文案要尽量写得轻松俏皮，以缓解用户的负面情绪，因为用户在使用产品时遇到阻力本来就会有情绪，如果还用生硬的专业术语去刺激，可能会雪上加霜，让用户的情绪变得更差。

在用户使用产品的过程中，我们可以通过产品的各种可触达用户的特性来强化或弱化用户的情绪，以达到情感化设计的目的。具体方法如下。

1）**产品的操作流程设计要尽量简化，减少用户在操作时的负面情绪**。不管是点击操作还是填写表单，过多的操作步骤或信息录入都会让用户觉得烦琐。上述贴心、高效的设计可以避免产生类似的问题。

但并不是所有的表单设计都只考虑简化，比如产品中很常见的注册和找回密码流程，一般我们都会设计新密码的设置需要输入两遍密码，两遍完全一致才能通过。这种设计不但不会让用户觉得麻烦，反而会增加用户对系统的信任感。在产品设计策略里，关键信息的二次确认是很有必要的。

2）**使用贴心的文案引导或提醒用户，降低用户的学习成本，并在可能会阻断用户使用或产生疑惑的地方采用相对轻松的文案风格**。图 7-10 所示为一个 404 页面所采用的俏皮文案设计。

图 7-10　404 页面的俏皮文案设计

而在一些用户容易误操作的地方，则需要通过文案让用户产生犹豫或害怕的感觉，减少误操作。比如当用户需要删除一些重要的单据信息或文件时，系统都需要弹窗提示用户是否确认删除。在这种二次确认的窗口里，可以通过提示文案告知用户删除后可能会有哪些不利影响，比如不可恢复、无法再次查看等，让用户感知到严重性，以减少用户误操作。

3）**界面设计的 UI 风格尽量选用让人愉悦、轻松的色系**，这样无形中会让用户在使用过程中保持愉悦的心情。尽量少用深色系。

比如很多人为了营造喜庆的气氛，在设计时大面积使用大红色，但是这种设计看久了会让人产生压抑的感觉。科学研究表明，长时间看红色会让人血压升高。

4）**增加关键步骤信息的推送确认**，特别是涉及订单、支付交易、钱款等内容时，让用户增强对系统的信任感。这种场景有些类似于关键信息的二次确认。

比如用户下单支付成功的时候，系统可以推送一条消息告知用户款项已收到，正在打包发货；用户申请退款的时候，若系统审核通过，也可以推送一条消息告知用户款项正在原路返回，预计多少天左右到达用户的支付账户。这样既能增加用户对产品的信任度，还能增加用户的愉悦度。

5）**通过激励或刺激的手段使用户产生对产品的好感**。常见的会员等级体系、勋章体系、积分体系、成长值体系、活跃值体系等产品附属功能的设计都属于这个类型。

当用户不太愿意主动触发某类操作时，我们可以通过奖励的方式消除用户的顾虑和不情愿，让用户获得好处，甚至是超过预期的好处，这时用户不但不会有负面情绪，还会产生对产品的愉悦感。当然这里有个前提，给予用户的奖励要有实际的价值，而不是很虚的数字。

比如当用户完成了某个任务之后，系统告知用户获得了多少奖励，用户就已经很开心了，此时可以再引导用户去做别的任务。比如告知用户再完成其他几个任务，奖励翻番，这样可以提高某种期待。常见的签到场景设计就是这样，每天签到可以获得每天的积分，连续签到 5 天或 7 天可以获得额外的积分奖励。

6）更为常见的情况是，要让用户建立与产品之间的情感需要较长时间的积累，但一旦用户成为产品的粉丝，即便产品出现一些小问题，用户依然会继续支持产品。这就要求产品提供的服务始终如一，质量和稳定性持续可靠。

比如你长期在某个电商产品上购物，每次买到的产品都能让你满意，物流快，产品质量好，你收到货物时是欢快和喜悦的，这是一种正面的情绪反馈。经过一段时间的积累，这个电商产品给你建立的情感体验就是信任感和愉悦感，你会觉得该产品是可靠的。在这之后你买到了一件质量有瑕疵的商品，当时你肯定会有情绪，但是由于之前建立的对该产品的良好情感体验，你会认为这次是个别现象，并耐心与客服沟通问题，而不是直接卸载产品。

而正在这时，某个新的电商产品刚刚开始推广，优惠力度很大，你被吸引并下单购买。如果首单购买的商品就出现质量问题，你可能就没有耐心与客服好好沟通，而直接差评投诉，甚至卸载产品。同样是买到问题商品，但你对两者的态度差异明显，原因就在于你与新电商产品之间没有建立信任关系。

培养用户与产品之间的情感是需要从"大产品"（包含功能、内容、服务）的层面整体考虑的，产品功能的设计、产品内容的组织、产品服务的提供都需要让用户满意，才能逐渐建立起与用户之间的信任情感。

还可以通过在页面上的元素展示、布局排版、UI设计来调动用户的情感。比如为了增加产品的可信程度,可以引入安全认证、信任认证、网警认证、工商认证等权威认证;为了展示产品的技术实力,可以公示软件著作权证书、软件产品登记证书、产品发明专利证书、高新技术企业认定证书等;为了突出产品的口碑,可以引入名人名家的赞誉、专家教授的点评、现有用户的使用评价等,使用户信任产品。

用户的情感是多样化的,不可衡量的。从产品设计的角度,我们从用户使用场景、用户操作场景出发,分析用户在对应场景下可能会产生的情绪问题,再针对性地采取设计策略进行化解。以情感化为目标的产品设计其实就是通过产品中可以触达用户的途径,采用各种方式方法强化或弱化用户情绪,使用户情绪达到一个相对平和的状态,以增强产品的情感化体验。

7.5 本章小结

场景变化能引发用户心理变化,且这种场景变化和人们的生活息息相关,它具备三个特点:与人们的生活场景紧密相关,越是普遍的场景变化,越能引起用户的心理变化;基于特定生活场景所引发的心理变化,精准度高,容易把握,有利于提升转化率;心理变化与导向的用户行为相结合进行分析,可以帮助了解用户的消费特征。

以贴心为目标的产品设计是通过细节设计手段,在一定程度上满足用户的操作预期,或辅助用户达到下一步的目标,让用户感到贴心与感动。以高效为目标的产品设计是为了提升用户的操作效率,让用户在相同或更短的时间里完成比正常情况下更多的任务,而且质量一样或者更好。一般可以从减少用户的操作步骤、系统自动完成、即时响应式反馈、突出关键操作、原操作行为替换五个方面，来整体提升用户的操作效率。以情感化为目标的产品设计是要去满足特定场景下用户所产生的特定情绪所带来的情感需求，让用户感动，给用户惊喜。

下一章将从用户群体效应的角度来分析场景化设计，引入"同侪效应"的概念来阐释群体用户对个体用户的影响，有助于我们透过现象看本质。

第 8 章 | CHAPTER

无形利剑：基于同侪效应的场景化设计

"同侪"是针对某一类特定用户群体的称谓，按百度百科的释义，同侪是指与自己在年龄、地位、兴趣等方面相近的平辈。随着社会的发展，很多词语被活用，"同侪"在商业语境中的使用日渐频繁，诸如"领先同侪""傲视同侪"之类的说法常见于企业的简介和宣传之中，于是"同侪"就多了"同行"的含义。

在场景化设计时，用户是很重要的分析元素。我们经常需要研究目标用户群体，而群体中的其他人对个体用户肯定是有影响的。在场景化分析中，同侪是指建立在诸多假设之上的一类特殊用户，而年龄、地位、兴趣等方面相近的假设有助于我们透过现象看本质，分析用户与用户之间的作用关系，这就是同侪效应的由来。

8.1 同侪团体和同侪效应

同侪可以理解为某类背景相似的个体用户，诸多同侪凑在一起就构成了同侪团体。同侪与同侪团体只有数量上的差异，构成团体的条件是多个背景相似的个体。这里说的背景相似并不是一成不变的，虽然百度百科的释义着重强调"年龄、地位、兴趣等方面相近"，但实际在对同侪团体的分析中，不同场景下所定义的相似背景是不尽相同的，甚至可以灵活变化，只要能构成分析的基础条件即可。这一点将在后续的分析例子中讲到。

8.1.1 同侪团体的特性

研究表明，同侪个体在一起构成同侪团体后会产生两方面的相互作用效果：一方面，同侪团体内部更易于形成相互竞争的氛围，原因是个体间有着相似的背景；另一方面，同侪团体内部会相互交流、相互支持和相互影响，惺惺相惜。

有了上述的作用效果，同侪团体会自带很多特性，这些特性在场景化分析和设计过程中能起到很大的作用，具体如下。

(1) 个体间能相互扶持

因为有着相似的背景经历，个体间容易产生惺惺相惜的感情，在遇到问题或阻碍，特别是关系到团体荣誉或团体遇到危机时，能相互扶持。比如，对于用户运营上的分小组PK、产品设计上的团队排行榜、社群运营体系中的社区团购里的团队长运营等，如果用户群体恰好是同侪群体，将获得事半功倍的效果。

(2) 个体在同侪团体中容易获得喜悦和成功

在经历相似的群体中，如果某个个体获得突破，在某个领域领先，则不仅该个体会开心，整个团体也会跟着感到喜悦。因为大家有着相似的经历，有个体突破了瓶颈，意味着群体中的其他个体也有很大机会突破。只要有个体领先了，往往团体成员都会陆续跟上，这有点像排头兵的作用。比如《王者荣耀》游戏中引入了微信好友、QQ好友的等级展示，出色的玩家能带动其他玩家一起上升。

（3）提供一个较好的情绪宣泄途径

通常人们有心事的时候喜欢找好朋友诉说，而能成为好朋友的人一般都是背景相似的，可以将他们视为一个同侪团体。类似地，在论坛、社区、圈子类的产品设计和运营中，细分方向越垂直就越能激发用户的发帖意愿，因为在网上与同侪交流就是他们的一个情绪宣泄途径。

（4）个体更容易界定自己的身份定位

背景相似的人聚在一起不容易迷失自己，相差悬殊的人在一起容易让劣势的一方迷失自己。"物以类聚，人以群分。"适当的群体划分能让当中的个体更好地定位自己。线上产品的定位和运营中对用户的分层是一个很有说服力的例子，新用户和老用户的认知度和接受度是不一样的，要区别对待。

（5）个体间能相互影响、相互认同

相互比较是人的本性，而在同侪团体内部表现更为明显。相互比较会产生相互影响，这种相互影响来自人的好胜心、归属感等本能愿望，具有非常强大的力量。比如腾讯QQ秀的运营很大程度上就是利用了女性用户群体之间的相互影响。因为身份、条件、水平差不多，同侪团体内部更容易获得相互间的认同感。相似的用户群体在沟通交流上会更顺畅，所谓的"接地气"也是一种认同感的表现。在社群运营过程中，对微信群、QQ群的成员管理可以应用这

一点，营造出群成员对群里意见领袖的认同感。

（6）同侪团体可以给予其中的个体归属感、安全感

这点好理解，在一个给人感觉并不陌生的集体里，即便这种非陌生的感觉并不是缘于相互熟识，个体也很容易找到归属感和安全感。

同侪关系既不同于一般的同学、校友关系，也不同于一般的朋友关系，它是基于相同的人生理想、共同的发展愿望彼此主动建立起来的忠实伙伴关系，可以说是一种和而不同的君子之交。同侪之间有共同的志趣，但绝不是彼此迎合，每个人都有独立的思考和立场，都能坦诚表达自己，并以君子的胸怀倾听对方，吸纳对方。同侪之间彼此平等，相互尊重，无私分享，主动担当，充满着浓厚的温情与善良。

要想增强产品线上用户的黏性，可以利用这点去打造用户群体与产品之间的和谐关系。产品给予用户足够的自主权，开放交流空间，让用户能愉快地表达自己的想法。社群、社交电商类产品的用户黏性并不是凭空而来的，有其社群共同体的特殊属性在。

（7）同侪团体可以增强个体的力量

同侪之间相互分享、相互碰撞，可以促进相互学习，有利于个体获得更多、更好的学习方法，快速提升自身水平。集体荣誉会带动个体，好的团队会衬托得个体更加优秀。一个团体中的大多数个体同样优秀的时候，每个个体就会显得更加优秀。社区类产品可以加入这种倡导团队荣誉感的设计，赋能团队，展现个体的特长。

8.1.2 什么是同侪效应

上述是同侪团体的一些特性，正因为这些特性的存在，在同一个群体事件或者活动中，同侪团体之间容易产生不一样的效应，这种效应就是同侪效应。

同侪效应是指个体在与自己所接触到的同侪相互比较中所获得的自我评价。我们研究的对象是同侪团体，但其产生的同侪效应则是在同一群体事件中，同侪团体对每个同侪个体进行作用反馈，使个体认识到自身所处的现状，从而触发个体下一步行为的过程。

我们已经了解了同侪团体的特性，但产品是要作用于每一个个体用户的。在特定的场景中，只有同侪团体对于单一事件的反应作用在每个个体上，才能分析个体的需求，预测其下一步的行为。同侪团体对事件的反应会用到 8.1.1 节描述的团体的特性去分析，个体则会在团体内部进行比较，找到自我评价。

举个例子，我们经常看到金龙鱼的这条营销文案：金龙鱼阳光葵花籽油，晓明 & Baby 阳光新家庭的选择。对于这条文案，官方的解释是："晓明和 Baby 各自在事业上追求进步，回归家庭时又追求高品质生活，这正是金龙鱼所倡导的健康生活理念。"也即其主打的概念是：新家庭、事业追求进步、生活追求高品质。这样的家庭的确不少，可以把这一类家庭确定为同侪团体，但问题是：如果把晓明 & Baby 夫妇作为个体算在团体里，他们有没有代表性和共性特征？显然没有。大部分家庭没有他们出名，收入水平也远没有他们高，最多只有年龄差不多。文案营销的目的是引导用户消费，而消费主要看收入水平，晓明 & Baby 夫妇在中国万千新家庭中没有代表性，也就无法获得其他个体的认可。

因此从同侪效应的角度分析，这文案和代言的效果是不好的。当然如果只是利用明星的粉丝效应，那就另当别论了。实际上，针对家庭的广告现在较少采用明星代言，因为普通人物更能引起大众的认可和共鸣。

8.2 同侪压力对用户的影响

上面说到同侪之间是会互相影响的,同侪个体在特定的环境中相处,难免会受到来自其他同侪个体的压力,这种压力就是同侪压力。**同侪压力是同侪效应的一种表现。** 在爸妈眼里,别人家的孩子总是比你优秀;在同班同学当中,总有那么一两个出类拔萃;在同辈亲戚里,总有那么几个堂/表兄弟姐妹比你赚钱多。甚至已经演变成了一种现象:"别人家的 ×× 比你的更好。"

在同侪团体中,每个人都希望自己被人接纳、受人肯定、在团体之中有归属感,别人对我们的看法往往很容易影响我们的行为表现。只要在一起相处,我们就会感受到同侪所带来的压力。

举例来说,为了成为某个团体中的一分子,你会观察其他团体成员的穿着并模仿,把自己打扮成他们那样。也许不只是衣着,连说话用语和想法都会渐渐改变。可见同侪能够影响我们的行为,让我们自愿去做某些自己本来不愿意做的事情,这种影响力也是同侪压力。

很多人在成长过程中经常被长辈拿来和同辈做比较。面对优秀的同辈,我们自己也忍不住会产生"明明他和我一样,为什么他能做到那些"之类的想法。这种同侪压力有好有坏:和认真读书的人做朋友,你可能会变成一个学习更加认真的学生;和喜欢欺负其他同学的人做朋友,你可能必须违心地和他一起去欺负其他同学,以维系你们的友谊;和他人比较有可能会带给你一定的驱动力,也有可能会让你一蹶不振。

总体来看,同侪压力利大于弊。通过和别人比较获得的幸福感是比较短暂的,只有自己不断收获,不断成长,才能持续获得幸福感。我们如果能让自己处于这种相对对等的环境下,可以不断激发自己的潜能，发挥出自己意想不到的实力。

下面我们来详解介绍同侪压力对用户的影响。

8.2.1 激励同侪团体中的个体

任何群体中都不存在完全相同的两个个体，只要存在差异，就会有相互比较，比较中较高的一方会产生正面效应，而较低的一方就会产生压力效应。同侪团体中的个体之间有着相似的背景和经历，更容易相互比较。我们可以利用这种比较的特性，抓住用户的好胜心、从众心理，在产品设计上激励用户，引导用户往正面效应上发展。

常见的排行榜设计利用的就是这一特性，不管是个体之间还是团队之间，都可以基于这个特性来设置一些激励规则。图 8-1 所示为一个常见的社交电商类产品中的排行榜，个人榜里的所有用户可能背景各异，但大家在社群里每个自然月的起点是一样的，谁更努力谁就能赚更多钱。因为有共同的起点，所以可以将他们当成同侪团体，那么可以通过强化个体之间的相互比较激励落后的一方追赶。此时增加设置，比如排行前 50 的个体可以获得平台额外的奖励，即可将由比较产生的压力往积极的一面引导。

团队排行榜的道理也类似，不同团队之间的比较能激发团队荣誉感，团队中的个体会为了团队的共同目标而努力。社群营销的优势在于，每个社群里的用户都是通过一定的社交关系聚合在一起的，相互之间存在着某种共性的联系，因此也具有同侪团体的属性。

实际上学校里以班级为单位的同侪团体是最具代表性的。同一个班级的同学，学习的起点是一样的，教授知识的老师也是一样的，正因为共性较多，所以学校里的同侪团体属性很强。而班级会在学生之间设置学科成绩排行，老师找学生的谈话也会有意无意地让同学之间产生比较，这些比较都会往积极的方向引导。

图 8-1　某社交电商产品的会员排行榜

另一种比较类型是告诉每个个体团体中大多数人的选择，从而影响个体的决定。在群体事件的决策当中，人们容易有从众心理，同侪团体的群体效应也是一样。

360 软件中就存在着大量这样的设计。因为很多用户对于电脑设置的认知是一片空白，完全不知道该如何操作，因此在这一点上，所有有相同操作需求的用户就组成了同侪团体。当个体用户无法做决策的时候，系统告知他其他用户的选择，就给了他决策参考的依据，便于他做出下一步的行动选择。如图 8-2 所示，360 软件操作界面上给出了其他用户的操作选择。

图 8-2　360 的开机加速优化告知用户其他用户的选择结果

8.2.2　促使个体被同侪同化

"近朱者赤，近墨者黑。"相信这句话大家都不陌生。上文提到，有时候为了融入团体，个体会做出妥协，去做一些自己原本不愿意做的事情。

当同事都在讨论某个热点事件时，为了使自身不被孤立，与大家有共同话题，你会主动了解该热点事件的来龙去脉。这是个体为了不脱离团体所作出的妥协，也是同侪压力使然。在学校里这种现象更为明显，学习成绩好的同学往往更能玩到一块去，而学习成绩差的同学也会聚在一起，两拨人谈论的话题不一样，在学校里的表现也会有很大差异。差生想要融入优等生群体，必须首先做出改变，努力学习，了解和掌握优等生感兴趣的话题，把自己变成好学生。此时，同侪压力促使个体积极向上。

在社群中，若是群体中的大多数人积极分享正能量，久而久之群里的其他用户也会成为正能量的传播者。我们经常劝人多和乐观积极、奋发向上的人交朋友，那样会促使他变得同他们一样乐观向上，这就是一种潜移默化的过程。反之，若身边的朋友都是消极处世的，也会让你逐渐变成一个消极的人。正是因为这个特点，我们在产品运营的过程中往往会采取营造积极氛围的措施。

比如母婴类社区产品会引导宝妈分享好的案例，以营造好的氛围。这种正向的氛围引导可以让不了解产品的用户逐渐认可产品。又如很多提供评价功能的产品总会选取一些优质的评价内容置顶显示，这些评价内容除了能给未消费的用户提供参考之外，还可以给已消费的用户提供如何写评价的示例。图 8-3 所示为在行 App 中学员对于行家的评价，其中有独立的频道来展示优质评价。

图 8-3　知识付费产品在行专门用独立的频道来展示优质评价

8.2.3 促使个体产生代入感

大家都遵守规范，而某个个体违反了，他就会自然而然地产生愧疚感。在群体活动中，这种代入感缘于群体中的大多数个体选择某一行为之后产生的同侪压力。

比如我们平时都非常熟悉交通规则，假如有人突然在等待红灯中的人群中横穿街道，就会有羞耻感，大家都耐心地遵守交通规则时，更容易让少量不守规则的群体产生动摇，从而跟随主流群体。

当下直播技术已经应用在很多行业，如游戏、教育、娱乐、电商，要想让直播效果好，让观看直播的观众互动起来，直播间的氛围营造很关键。以电商直播为例，通常只有一个主播在发声，有的场次会有多个主播，不过观看的人都是只能留言互动的。在同等条件下，一个冷冷清清的直播间，新用户进来感受不到直播间的氛围，他可以毫无压力地离开；而一个互动频繁、气氛热烈的直播间，新用户进来会本能地观望一下，因为他认为大家这么活跃可能是有什么好处，生怕错过，这时他离开直播间是有压力的。那么，一个新用户进来如何让其感受到直播间的热烈氛围呢？我们在产品设计上可以增加互动消息的形式：

- 用户每次进入直播间的消息提醒；
- 用户查看商品信息的消息提醒；
- 用户将商品加入购物车的消息提醒；
- 用户下单购买的消息提醒；
- 用户发表留言的消息提醒。

加上直播间里面的点赞气泡，主播互动发放优惠券、抢红包等功能，一起综合营造直播间的氛围。目的就是要让每个新的用户进来都能感觉到直播间里面的热烈气氛，以及观众们对主播售卖商品的高关注度。图 8-4 所示为云衣库 App 的电商直播互动界面设计。

图 8-4　云衣库产品的直播间互动界面设计

这样每个新进用户就会感觉该直播间是很火热的,主播在售卖的商品是很抢手的,商家是有口碑的,商品的质量是有保证的,售后服务也是没问题的,不然怎么会有这么多人在直播间里面观看,还保持高强度的互动?这时用户如果离开直播间是有压力的,一方面来源于别人的活跃互动促使他也参与进去;另一方面则来源于他自身不想错过优惠的心理。这种自动带入的感觉是其他观众给新进来的观众营造出来的感觉。就像我们出去吃饭选小饭馆的时候,总觉得人多的饭馆味道会更好,人少的饭馆是不好吃的,这时你选择进入人少的饭馆是会有一些心理压力的,生怕不好吃,就是这个道理。

由于社交网络加强了信息传播,我们能够接触到更多的同侪。以前我们可能只能接触到十来个同侪,而现在在社交平台上,动辄就能找到成千上万个和自己处境类似的人。与这些人比较,你会发现比自己优秀的人太多了,而自己则显得微不足道,这种由同侪压力引发的焦虑逐渐演变成一种社会现象。

大家要关注这些社会现象，我们在做用户画像分析的时候，其实也会从用户心理角度去分析，不过很多心理层面的表现都需要结合特定的场景去分析才会更有效果。同侪团体是一类用某些限定条件筛选之后得到的用户群体，类似于我们做用户画像分析时的维度界定。在某些维度有相似性以后，同侪压力所能产生的效应会被放大，加以利用能收到更好的效果。

8.3 同侪效应的特性与应用

同侪效应依赖于同侪团体中的个体对特定场景下的群体事件所做出的反应，所以在应用同侪效应的时候，要先了解其特性。

（1）同侪效应的核心是找到和分析同侪团体

同侪效应的核心是找到和分析同侪团体，也就是分析目标用户群体，并找到这个群体的共性。研究显示，在同一用户群体中，用户之间的层次差距越大，则关系越不稳定，越容易出现分歧，群体越容易解散；反之，用户之间的层次差距越小，甚至近乎在同一层次，则成员之间关系越稳定，群体活动的效果也越好。

也就是说，在面对群体事件时，有共性的用户群体（也就是同侪团体）能发挥的效应更强。因此在产品设计和产品运营过程中，针对用户群体进行层次细分很重要。不同层次的用户群体，我们对其用户画像分析得越透彻，对目标用户群体就越了解，针对性地设计功能或运营活动的效果就越好。

以读书会的运营为例。对于新的知识，所有人都是未知的，这是大家最大的共性。其次是年龄、认知水平、社会层次等方面的共性。如果要拉群组一起学习的话，进一步细分很关键。否则，让刚参加工作的年轻人和工作多年的公司高管一起读书交流肯定效果十分有限，因为大家思考的层次和出发点都不一致。因此在分群组的时候，不能只有一个共性，要尽量多找几个共性，将多个维度属性相同的用户分在一组，引导他们一周看一本书。

（2）产生同侪效应的作用原理是比较

同侪效应的作用原理是同侪之间的比较，这样每个个体才能在团体效应的作用下找到自我评价。再加上多个共性的维度，让用户之间有着相似的背景、相似的起点，强化个体之间相互比较的条件。所以我们要多在同侪之间创造比较的机会，放大由此带来的效应。

不过在创造比较的机会时一定要简单直接，直达用户，减少用户的思考时间和学习成本，即不能给用户制造选择困难，不要给出太多选项，要非黑即白。如果用户需要思考的时间比较长，就容易产生怀疑，从而削弱比较的作用。

比如在读书会的同一个学习群组中，十几个人在约定的时间开始看同一本书，约定一周看完。假如到了第二天，用户A在群里说他已经看完第3章，并简单分享了下他对第3章的理解。这时如果用户B才看到第1章的中间部分，看到用户A的消息，不管用户A的分享是否精彩，用户B都会产生紧迫感和羞愧感。群组里的所有用户起点是一样的，大家的背景、条件、水平相近，此时别人已经遥遥领先，你怎么能甘于落后呢？这样，比较的效果就出来了。这里比较的机会不在于用户A发布的内容，而在于用户A说他看到第3章了，简单直接。

当然也会有一些用户虽然产生了心理波动，但最终无动于衷。这说明运营人员给的诱惑还不够大，不能激起他的好胜心。这里还可以加一些奖励，比如率先读完书的人可以通过群组视频进行读书分享，可以免费获得下一本电子书的阅读权限，累计读完多少本可以再获得某项荣誉等。总有办法把人的好胜心激发起来。

（3）同侪效应会导致群体跟随

研究表明，同侪效应在群体事件中表现显著，会导致一定的盲从性。在同侪效应中，个体的自我评价依赖于群体在事件中的反应，若群体中的多数在事件中的反应一致，就很容易带动个体也选择一致的行为。

在一个黏性高且活跃度高的社群中，常见的刷屏现象是给群体中的某人或某个事件送祝福，很多成员在发布的时候，其实并不认识对方或者并不了解事件的前因后果。这部分是因为送祝福不管怎样都没有坏处，而更关键的是群体中其他个体的转发带动了大家。

比如在读书社群中，在有人发表了字数较多且看似有真知灼见的读后感之后，即便内容大多是从书中摘抄的，只要有几个人赞同了，就很容易带动其他人表示赞同。类似的情形还有一些名言警句的转发刷屏，即便自身并不了解其中的深意，转发者也会随大溜，将其转发至朋友圈。

（4）同侪效应的激励作用显著

同侪团体中的个体在受到激励和认可时所得到的满足感要大于其在自然群体中所能获得的。在这种情况下，用户更愿意将自己所获得的认可和喜悦分享出去，让更多的人知道，以得到更多的认可和赞赏。我们可以利用这种特性并引导用户，以促成用户对产品、对活动的分享和传播。

比如你加入了一个跑步群，群成员都是与你一样热爱跑步的人，大家都会时不时地在群里分享跑步的数据。如果你某次分享的数据获得了多个群成员的赞赏，你就极有可能将这组数据发布到朋友圈，看看群组以外朋友的反应。我们之所有会有这种心理，是因为小范围的群体认可带来的满足感比大范围的群体认可更强。

再比如在读书社群运营中，在用户达成某个条件后，平台为其颁发某项里程碑达成的证书。这种认可首先会在该用户所在的社群中发布，受到群组其他成员的赞赏后，用户自己也会对外传播。一两次之后，平台为其他用户颁发类似证书也都会得到自然分享。这种方式在线上学习群组中的应用更广泛，线上的毕业证书、结业证书等都能带上产品的 logo 和二维码信息，用户自然转发后会为产品带来新的流量。混沌大学、三节课、网易云课堂等教育平台都有类似的形式。图 8-5 所示为三节课颁发的"优秀学员"证书。

图 8-5 三节课的"优秀学员"证书

综上，要应用同侪效应，首先要做好目标用户群体的分层，找到同侪团体；然后要在同侪团体中营造正面的效应，比如认可、奖励、安全感等，为群体创造相互比较的机会，以最大限度地利用同侪效应，并引导用户对外分享。

8.4 基于同侪效应的产品设计案例

从属性上说,同侪效应与目标用户群体的分析紧密相关,结合不同的场景使用,能恰到好处地利用用户在不同场景下的心理变化。同侪效应不仅在运营活动中应用场景丰富,而且可以应用于产品设计中。我们来看几个应用同侪效应的产品设计案例。

8.4.1 同款奶粉在三个电商平台上的展示样式

图8-6为一组图,包含三部分,分别是同一款婴幼儿奶粉在三个电商平台商品列表页的展示形式。三者在排版布局上大同小异,主要看各自内容信息的呈现是否足够丰富和吸引人。做过电商产品的人都知道,从商品列表页到商品详情页的转化率很关键,能影响到后续的下单转化率和购买转化率,这是整个下单流程流量漏斗中的链条。

图8-6 同款奶粉在三个电商平台上的展示样式

在提升商品详情页的转化率方面,促使用户从商品列表页点进去的吸引点很重要。需要通过商品列表页的有限展示空间吸引用户点进去,而商品图片占据了其中大部分的空间,因此很多电商产品都会在图片上下功夫，要求平台或商家上传尽可能清晰的照片。

这里要稍微说明一下，一般的平台型电商产品并不会提供如图 8-7 所示的对比情况，原因如下。

1）对于自营型电商产品，同一 SKU 只会展现一款商品，不会用不同的样式展示多款相同 SKU 的商品，即便有多个供应商供货。

2）对于平台型电商产品，即便同一 SKU 有多个商家同时售卖，展示的样式也都是一样的，因为同一个产品的商品列表页的样式都是一样的。

这个例子给出了不同平台中的展示样式，主要是为了从用户的角度进行对比分析，什么样的展现形式更能吸引用户点击进入商品详情页。

我们按从左到右的顺序将三款商品分别编号为 A、B、C，以方便后续的介绍。在 SKU 相同、商品图片基本相同、商品标题十分接近的情况下，我们主要从产品设计角度赋予商品展示更多信息的层面进行分析。在此要忽略价格信息和促销信息，因为优惠会干扰用户的选择。

三种展示样式都意识到大多数用户的选择结果对于新用户有一定的参考价值，能辅助新用户决策，只是三种样式的展示信息不太一样。

- 商品 A 的展示信息说明有 3.8 万多条评价，理论上用户买一次会有一次评价的机会，这说明有超过 3.8 万人购买过该款商品。另外，有副标题进行辅助说明，但是副标题展示不全，因为主要空间被主标题占用了。
- 商品 B 的展示信息直接说明有 2061 人付款，说明有 2061 人次购买过，没有其他辅助说明。
- 商品 C 的展示信息说明有 16 886 条评价，并且 95% 是好评。

从初步的对比来看，商品 C 的展示信息更有吸引力，购买人数和好评率是关键，特别是好评率。我们来分析一下这款商品的特性。

1）对婴幼儿1段奶粉感兴趣的目标用户群体大部分是初生婴儿的宝妈，只有极小部分是宝爸，我们可以忽略宝爸，只分析占比大的宝妈。

2）宝妈在选择奶粉时最关心两点：安全、无不良反应（如上火、喝完拉肚子等）。但这两点都要试过才知道，所以别人的经验就很重要了（不能拿自己的宝宝做试验）。

3）大部分宝妈看不明白奶粉的配方，对她们来说这只是一串数字而已，而且很少有宝妈会对比各项微量元素的含量高低以及它们的功效。

从以上描述中可以总结出，该款奶粉的目标用户群体是初生婴儿的宝妈。宝妈这个群体具备同侪团体的属性：都有初生的孩子，都对选购奶粉不了解，年龄结构差不多，家庭情况也差不多。

再结合同侪效应的特性，同是宝妈群体，别人的使用经验就非常值得借鉴了。很多人购买过且都说好，这一信息对新晋宝妈来讲是有参考价值的。不过只有购买人数和好评率，激发力度还是不够，因为这里并没有明确购买者是宝妈同侪团体。我们在创造比较条件的时候一定要简单直接。

商品A的副标题其实给出了参考答案，那就是把购买人数的展示改成"万千妈妈的选择"。不过还可以改进，"万千"不如直接用购买人数直观，对于宝妈来说，"3.8W+妈妈的选择"能更直接地反馈出有效信息。

这样就够了吗？其实我们还可以考虑一下宝妈的年龄因素和家庭情况因素。初生婴儿的妈妈普遍正处于职业起步期或上升期，家庭收入情况不够理想的宝妈还要承担一部分养家的压力。这部分宝妈由于时间和精力有限，在挑选婴儿用品的时候没有足够多的时间去摸索和研究，而更希望直接借鉴别人的经验。

同样类型的宝妈都存在类似的问题，那么谁的参考意见更具说服力呢？除了需要上班的宝妈，还有一类是全职宝妈。全职宝妈的时间和精力更充裕，她们有时间挑选婴儿用品，观察宝宝喝完奶粉之后的反应，关注宝宝排便的情况等。以此推断，全职宝妈的经验更具有参考价值。

因此，可以考虑将展示文案更改为"16 886位全职妈妈的选择"。（用户是否为全职妈妈要靠产品经理收集信息和分析，这里只讨论如何在同侪效应下打动用户。）另外，商品列表页是否需要按分类定制展示样式等，都需要产品经理去评估。如果只是垂直母婴类的产品，目标用户群体一致，就可以直接借鉴这种设计方式。

从上述例子也可以看出，在产品设计过程中，同侪效应的应用并不复杂，只要我们分析清楚用户的属性，就可以利用同侪团体和同侪效应的特性来激发用户的下一步操作行为，以此提升转化率。

我们将同侪效应的应用步骤梳理如下：

1）找到产品的目标用户群体，做出初步的筛选；
2）在目标用户群体的基础上，分析出占大多数的同侪团体；
3）分析同侪团体的需求，结合产品的特性；
4）分析同侪团体的共性维度，创造比较的机会；
5）结合同侪效应的特性，将分析结果应用在产品设计和产品运营当中。

8.4.2　线上保险产品的列表展示样式

我们再来看一个例子：线上保险销售。当下，保险产品作为一种规避风险的方式或理财手段逐渐为人们所熟知。除了传统的线下保险代理销售渠道和电话销售渠道以外，保险产品的线上销售渠道开始逐渐多了起来。

大多数用户对保险产品的认知不深,特别是大部分保险产品的条款是厚厚的一摞纸,纸上是密密麻麻的小五号字,一般人根本不会去看。普通用户在购买不了解的产品时主要靠推介,要么靠熟人介绍,要么靠网上的导购推荐。然而网上的导购优劣难辨,这让想要购买保险的人十分头疼。

而支付宝(见图 8-7)、微信这种用户基数很大的平台售卖保险产品有一定优势,原因在于平台上的每个用户都有丰富的熟人关系,大家在选购保险产品上的认知都差不多,这就有了共性,构成了同侪团体的基本条件。

图 8-7　支付宝上的线上保险销售列表

分析保险购买人员和保险产品的特性，发现有如下情况：

- 保险产品的介绍都比较复杂，有意选购者普遍对保险产品的认知度较低；
- 保险产品的条款和承保的情况比较多，较难用几个关键词来准确描述和定义；
- 除有特殊需求以外，大部分选购者只需要购买一份大众诉求的保险；
- 购买保险产品的花费较大，因此选购者会比较谨慎。

选购保险的同侪团体共性有：对保险产品的认知度不高，大众型保险诉求，家庭收入状况良好，有自我保险的意识。

在促进用户选购方面，保险产品其实就和电商产品类似，需要想办法吸引用户点击，在用户对保险产品认知度不高的情况下缩短用户的决策时间。从图8-8中可以看出，保险产品的列表展示样式和电商产品差不多，我们仍旧不考虑标题、价格这些因素，单看用户群体对个体的影响。

每个保险产品的右下角都列出了已售出的份数，这是总体的数据，对用户来说有一定的参考价值。如果在这个基础上再加上用户好友的购买份数，则吸引力会更大，原因就在于好友的同侪效应比总体用户的更强。比如，可以这样展示：销量65 265份，100位好友购买150份。

展示效果类似于微信公众号的关注页面提示（见图8-8）。在用户做关注还是不关注决策时，告知用户他有多少位朋友已关注（而不是强调该公众号总共有多少人关注），这会对其决策起到很关键的作用。

我们也许之前没有怎么刻意关注同侪团体和同侪效应，但已经在产品设计和产品运营的过程中无意间应用了。现在知道了同侪效应的原理和应用特性，我们就可以更加自如地应用它，在创造比较机会时更加直观明了，将效果最大化。

图 8-8　微信公众号关注页面的好友关注数据

最后要说的是，在应用同侪效应时，一定要记住关键是找准目标用户群体，并从中分析出同侪团体中大多数个体的共性。不管在什么场景下，用户分析都很重要，在设计阶段一定要牢牢把握以用户为中心的产品设计。

8.5　本章小结

用户群体内部的个体和个体之间会相互影响，同侪团体是某类背景相似的个体用户凑在一起所构成的,在同一个群体事件或者活动中,同侪团体之间相互影响容易产生不一样的效应,这种效应就是同侪效应。同侪压力是同侪效应的一种表现,总体来看,同侪压力利大于弊。在产品设计或产品运营过程中,加以积极正面的引导,能发挥出更好的效果。

要应用同侪效应,首先要做好目标用户群体的分层,找到同侪团体;然后要在同侪团体中营造正面的效应,比如认可、奖励、安全感等,给群体创造相互比较的机会,最大限度地利用同侪效应,引导用户对外分享。

同侪效应应用的梳理步骤:1)找到产品的目标用户群体,做出初步的筛选;2)在目标用户群体的基础上,分析出占比大多数的同侪团体;3)分析同侪团体的需求,结合产品的特性;4)分析同侪团体的共性维度,创造比较的机会;5)结合同侪效应的特性,把分析结果使用在产品设计和产品运营当中。

下一章我们将从游戏式设计的角度来分析场景化设计的应用,游戏元素和机制的引入,可以使产品更具吸引力,用户更愿意在有目标、有竞争、有激励的场景中使用产品。

第 9 章 CHAPTER

乐趣至上：游戏式的场景化设计

目前对游戏式设计的研究还主要停留在实用性和技术性层面，方法论也分散于各个学科，但笔者坚信在不久的将来，游戏式设计会越来越受重视，甚至可能成为一门独立的学科。很多人谈"游戏"色变，殊不知是因为其自身认知短浅。游戏式设计只是将游戏的机制运用到非游戏活动中，进而改变用户的固有行为模式。

在互联网产品设计领域，游戏式设计是将游戏机制和游戏元素与产品界面、功能模块、线上社区、会员体系及促销活动相结合，进而让用户主动参与其中的过程。游戏式设计不必将产品界面设计得像游戏，它其实只是一种思想与理论，并没有一个定型的产品。至少从当前的用户接受度来看，游戏机制的引入可以使产品更具吸引力，用户更愿意在这种有目标、有竞争、有激励的场景中使用产品。

9.1 拥抱游戏式设计及其应用场景

提到游戏式设计，很多人会将它理解为"设计游戏"。大家对于游戏式设计或多或少有些误区，主要是因为游戏式的定义和边界不够明确。目前很多游戏式设计的方式方法来源于游戏，而应用于非游戏领域，也容易让人混淆。互联网的主流用户群体都是伴随着多屏互动、社交网络、多端游戏成长的，在信息爆炸的当下，枯燥乏味的内容已经不再能吸引用户的注意力，而充满乐趣的内容则很容易赢得用户。比如，很多年轻人喜欢看的是漫画版的简化历史，而不是古文甚至白话文版的史书。

将游戏元素和机制融入产品中，提高产品的乐趣成为自然而然的选择，也是大势所趋。其实在日常生活中，我们经常遇到的会员卡、积分奖励等都属于游戏式设计的范畴。游戏式设计不一定是通过玩游戏的形式来增添乐趣，而是让用户体验产品的过程变得更"好玩"，让用户更乐于参与。

笔者最早接触游戏式管理是2009～2012年在盛大网络工作期间，当时公司的职级晋升和人事考核实行类似游戏中打怪升级的方式，即靠经验值升级（见图9-1）。每天正常上下班可以得到一个固定的经验值，参与做项目可以获得项目经验值奖励，参与公司组织的各项活动并获奖也可以获得经验值，等等。总之，如果你只是每天按部就班地上班，经验值也会涨，但是涨得很慢；如果你参与做项目，那么你参与的项目越多，所能获得的项目经验值就会越多，升级也会更快。

公司用这种方式鼓励员工多做项目，每个项目的结果考核由项目经理和项目评审委员会评定。因为职级的升级和工资直接挂钩，所以大家都很积极。员工在充满乐趣的工作环境中完成很多项目，不断地为公司创造价值，自己也能获得成长和收益。

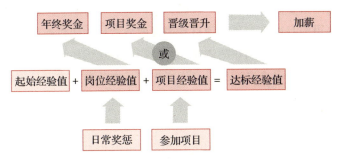

图 9-1　盛大网络当时采用的经验值晋升体系

维基百科对游戏式设计的定义是，在非游戏环境中将游戏思维和游戏机制进行整合运用，以引导用户互动和使用的方法，游戏化可以提升受众的参与度、忠诚度，让受众获得更多的乐趣，能在互联网、医疗/健康、教育、金融等领域中影响到用户使用产品时的心理倾向，进而促使用户参与和分享。

游戏化的目的就是促使用户接受并激励用户使用产品，同时让用户沉浸于与该产品相关的行为当中。游戏式设计通过鼓励期望的行为，利用人类心理上的倾向使用户参与其中。

9.1.1　游戏式设计的特点

游戏式设计的特点如下。

（1）简单直观

在设计时更多地考虑简单、直观的呈现方式，高可用性，以及无缝衔接的体验。游戏式设计不应该复杂，让人感到迷惑或奇怪。在移动设备上尤其要注意，更小的展示空间和没耐心的用户都意味着要对产品设计要求更高。游戏式设计要为用户带来使用产品的乐趣，而不是增加使用复杂度，所以要重点考虑降低使用难度和学习成本。

（2）自动化程度高

这里的自动化主要是指自动填充或后台自动执行的设计。游戏式设计不应该干扰用户的正常操作路径，而应该作为现有操作行为的自然扩展。一个专注于提高用户生产效率的游戏式设计不应该包括让用户上报自己的行为习惯之类的不明智设计，而应该以后台运行的方式去运作。不过有时候，游戏带给用户的乐趣能让用户忽略一些产品使用上的不流畅。

（3）讲究在乐趣和商业之间平衡

游戏式设计既不能让用户疲于与陌生人和朋友比较成就、勋章、等级等游戏元素（这样很快就会让用户精疲力竭），也不能让用户在使用产品的过程中不断抉择商业化的操作路径（那样很容易让用户弃用产品）。游戏式设计应该凸显协同协作，鼓励有意义的奖励或激励措施，并保留一些能让用户"惊叫"的随机元素。需要注意的是，游戏式设计的魅力并非来自游戏的机制和元素，而是来自游戏作为一种媒介所能带来的整体体验。

（4）目标一致性

游戏式设计必须支持商业目标，以商业为目的的游戏式设计应该将重心放在转化率上。不同业务流程所考量的转化率不一样。游戏式设计的目的是让转化策略更智能、更易于被用户接受，而不是为了乐趣而强加游戏元素。在游戏式设计下，为产品的商业目标服务这点不能变，设计的初衷是一致的。

（5）有价值的数据

用户在使用游戏式设计的产品时产生的数据更有价值，因为游戏的主要优势是沉浸式体验，用户的大多数操作行为都是无意识的，这样收集的数据更客观，有助于做出更好的产品设计决策，解决问题。

9.1.2　游戏式设计的应用场景

目前常见的所谓游戏式设计都是将游戏中的机制和元素照搬到产品当中,比如等级体系、勋章体系、成就系统等,但这并不是真正的游戏式设计。我们要考虑产品所承载的业务是否适合游戏式设计,是否有业务场景支撑用户用游戏的方式完成操作。

在产品中加入游戏式设计之前,我们要评估一下产品中是否存在这样的场景:引入游戏式设计可以增强用户黏性,并能解决场景中存在的问题。具体的评估依据有如下几点。

(1)游戏式设计主要应用于非游戏的场景

这一点直接说明了游戏式设计不是在设计游戏。我们只是在产品设计当中应用游戏的机制和元素来解决非游戏问题。虽然游戏式设计倡导的是乐趣,但并非要将产品做成游戏,而是要为产品的使用和操作场景增添乐趣以提高用户的参与度,进而提升用户黏性和忠诚度。

简单来说,游戏式设计本质上是一种方法,一种可以应用到产品设计上的思维方式,它可以应用到其他行业和领域,解决不同的业务在产品化过程中所遇到的问题,如专业性太强、使用过程枯燥、用户本能排斥(如学习)等。

(2)游戏式设计并不等同于等级、积分奖励等游戏元素

并不是在产品中引入了积分奖励、会员等级、勋章体系等功能模块就说明产品已经采用游戏式设计方法了,这些功能模块只是游戏元素,并不是游戏式设计。游戏式设计的根本是在产品使用流程中加入乐趣,并解决相应的问题。注意,解决问题是最重要的,乐趣只是表现形式。

游戏式设计的引入有助于解决产品的信息表达、使用顺畅性、对用户的吸引力、角色虚拟化及转化问题,它能虚拟创造出用户更

易于接受的使用场景，减少用户在操作过程中的阻碍。

（3）评估产品中的业务场景是否有必要采用游戏式设计

游戏式设计可以应用在很多业务领域中，但这并不代表要在所有产品中都应用它。有些产品本来业务开展得很好，完全没有必要引入游戏式设计。一定要从实际需求出发，当需要提升用户黏性，需要让用户在操作过程中体验到乐趣时，才考虑引入游戏式设计。

比如学习，学习本身是一件要求自律的事情，而学生的自主性在线上学习场景又比在线下学习场景更难管控。如果想提升线上学习产品的使用率，就得想办法吸引学生使用产品。游戏式设计的一大特性是可以让用户沉浸式体验，在学习知识的过程中加入趣味性的内容和环节，以让学生自愿使用产品。因为学习知识这种业务场景的特殊性，在线教育行业讨论游戏式设计比较多，学习类产品中应用游戏式设计的也比较多。

（4）评估所选定的游戏式设计方案能否低成本执行

因为与游戏相关，所以设计方案时会引入很多游戏元素和游戏画面，但这种方案的执行成本不是一般公司能承受的。在设计时一定要考虑实现成本，否则方案很容易夭折。还是拿在线教育行业举例，很多产品在引入游戏式设计时会考虑用动漫、动画的形式来呈现，这样在原有的产品研发成本之上，还要增加动漫人物设计、动画场景设计、动画实现等的成本。制作一节动漫形式的课程的成本是普通录制视频课程的十几倍，对于如此高昂的实现成本，在设计时一定要综合评估。

以上几点但凡有一点不符合，那就说明你的产品目前并不需要采用游戏式设计。

可以参考在线学习类产品的特点，引入游戏式设计的场景：

- 用户本身对学习知识有抵触心理，学习是一件要求自律的事情；

- 需要学习的知识内容比较枯燥，用户难以集中注意力；
- 老师讲授风格的差异会影响用户的学习积极性，而讲授风格不可控，非标准化；
- 测、学、练、考、评、问的过程中存在较多需要用户连续完成的流程。

正是因为学习类产品存在使用场景上的问题，而这些问题可以通过引入游戏式设计较好地解决，所以这类产品适合引入游戏式设计。

9.2 理解游戏式设计的作用原理

沉浸式体验是让用户在无意识的情况下完成我们期望其完成的操作，完成之后可以给予用户奖励。游戏式设计的作用原理是：创造一种沉浸式体验，让用户参与其中，努力获得奖励或回报；基于一系列连续的交互设计使用户行为贯穿整个业务流程，以获得完整的用户操作流程。在用户操作过程中，一方面利用游戏式设计潜移默化地影响用户的态度和行为，另一方面用奖励的方式鼓励用户的操作行为，两者组合产生操作的乐趣。

9.2.1 积极主动地影响或改变用户行为

在日常工作中，我们经常会碰到用户不按常规逻辑操作的情况，即用户没有按照我们设计好的操作路径使用产品，结果在产品上线之后，用户往往会发现在内部测试时发现不了的问题。影响并改变用户的行为对于任何一个产品来说都是很有难度的，尤其是当我们要引导的是核心主流程时。

要去了解用户完成相应行为背后的原因，也要了解用户当时的心理状态，以便找到针对性的解决方案。因此我们要深入研究用户，特别是用户的使用场景，只有了解了用户的行为动机，我们才能设计出有效的操作流程和能够改变用户行为的方法。

在影响用户行为的方式中，可以把切入点放在如何驱动用户产生行为上。在"以用户为中心，以体验为核心"的设计原则下，引导用户改变行为时要考虑用户是否自愿。游戏式设计正是这样一种在用户感知很弱的情况下说服用户改变行为的方式。

从产品信息触达用户到用户高频使用产品，中间会有多个行为环节，图 9-2 所示为常见的用户使用产品的行为流程。其中，有一些是用户的主动行为，如体验、使用、分享等，要影响这些行为，干预的方式要能够让用户信服；有一些是用户被动接受的行为，如接触、认知、习惯等，要影响这些行为，干预的方式就要简洁明了，让用户快速明白。

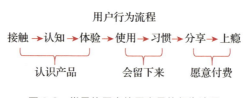

图 9-2　常见的用户使用产品的行为流程

比如在用户接触产品的环节，在产品的外部和内部广告、开机画面、Banner 图、新手引导等位置，宣传文案和引导文案就适合用简单直白的方式，明确告知用户是什么、能做什么、能解决什么问题。可以结合一些俏皮活泼的呈现方式和文案风格，来吸引更多用户的注意力，这样会提高用户从接触到认知的转化。

举个操作场景的例子。你某次打开 App 后点开"我的"标签页，发现产品增加了"我的视频"模块，系统立即弹出新手引导，它采用的是 GIF 动画的方式，清晰明了的引导文案告诉你这个模块可以创作短视频，且筛选审核通过的视频会展示在新开放的短视频版块，点赞数达到一定数量还可以获得现金收益。你心动了，于是在完成新手引导接触之后，迫不及待地点开"我的视频"熟悉功能，然后开始体验。图 9-3 所示为云衣库 App 的短视频从入口到发布的操作行为转化路径。

图 9-3　云衣库 App 的短视频从入口到发布的操作行为转化路径

在这个过程中，GIF 动画和引导文案就是一种干预方式，它可以采用游戏式设计方式，从而变得更能吸引用户注意力。这种对过程行为的影响方式一定要带有明确的转化目的。上例中就是要让用户从接触向体验转化，在用户行为数据上，可以看"我的"标签页的流量到点击"我的视频"的转化，再看到用户点击"发布视频"按钮的转化。

这里有 4 个关键点需要确认。

（1）影响的对象

需要确认影响的对象是产品的新用户、老用户还是其他类型的用户，可以对用户属性进行针对性的干预。比如"我的视频"版块更希望女性用户使用和发布短视频，则在设计时就要考虑对用户进行筛选。

（2）转化的目标

为什么要改变用户的态度或影响用户的行为决策？肯定要有其目的，不能随随便便地想让用户干什么就干什么。在确定了影响的对象后，应该确定转化的目的，即想让这批对象完成什么操作。上例主要是看"我的"标签页的流量到点击"我的视频"的转化，再看到用户点击"发布视频"按钮的转化。

（3）呈现的内容

内容的形式可以多样化，既可以是文案、视频、动画、图片等展示性内容，也可以是有引导步骤的操作性内容。只要明确一点，内容是为了达成转化目标而服务的，因此只要内容有助于吸引用户注意力，有助于影响用户行为，有助于改变用户态度，都适合采用并展示在合适的位置。

（4）呈现的方式

有了内容之后要确定将内容以什么方式呈现，这对内容的组织有反向的影响。比如：采用新手引导的方式呈现，内容就不宜过多；以宣传视频的方式呈现，就可以对内容的组织形式进行单独设计；以简单的文案引导，文案就要尽量简洁易懂。

这四点是干预用户行为的主要方面，也是设计过程中需要重点考虑的，每个关键点的确认都会影响到设计效果。设计产品功能和运营活动时，大到标题、图片、文案、评价、排行榜等，小到产品中的每一个细节，都可能包含产品经理、运营人员想要影响用户行为的设计。可以多考虑一下怎样根据产品的特点来影响用户，使用户最终产生对产品的信赖感和忠诚度。

9.2.2　给予用户恰到好处的奖励

当用户完成了我们所期望的操作行为时，为了使用户产生二次或多次操作，一般都会设计一些激励措施，对用户进行奖励。这样用户既会因为获得奖励产生愉悦感，又会对下次完成操作行为的奖励产生期待。对于大部分用户来说，在完成特定操作行为后，有奖励的效果会比没有奖励的好。不过，这对于没有完成操作行为的用户可能会有一些负面影响。此外，在用户已经养成习惯去完成某个操作行为后，在短期内奖励机制可以促进用户行为的增长，但一旦停止奖励，反而可能导致用户行为发生的次数低于奖励之前。这就要求我们在设定奖励机制时，要尽可能将奖励与用户的行为表现结合起来，降低负面效应。

不可否认，奖励机制是一种很好的在短期内改变用户使用习惯的方式，但在很多情况下，单纯的奖励并不能有效改变用户的行为，无法起到激励的作用。还是举上面让用户发布短视频的例子。我们鼓励用户发布短视频，发布成功后给予其虚拟币的奖励，点赞数达到一定数量后还会给予其现金奖励。然而如果用户不会录制短视频，或者不知道如何录制符合要求的短视频，再多的奖励用户也获取不到，那么这些奖励对用户来说就没有吸引力。

发放奖励不能太过直接，否则不一定有效果，要恰到好处才行。在适当的场景下，首先用户要有操作能力，其次要有适时的提醒，最后才是提供完成行为的奖励。在这三个条件的共同作用下，影响用户行为的可能性会更大。而在这三个条件中，用户有操作能力是很关键的。在用户使用短视频功能的例子里,从用户的行为流程来看,当进行到使用环节时,对用户的能力要求就提升了,拍摄短视频并不是人人都会的,这时就需要向用户提供帮助。要么教会用户使用第三方 App 拍摄,要么在现有产品中整合视频拍摄的操作流程。如图 9-4 所示,在视频发布环节为用户提供了两种操作选择。

图 9-4 在用户发布视频的时候提供两种选择

"拍摄"给了用户尝试的可能,用户可以摸索着去熟悉产品功能。结合美颜工具包等 SDK,用户可以拍出基本能用的视频,即便不专业,影响也不会太大。而"选择已有视频"对产品经理来说是更简单的,因为把操作能力的问题大部分转嫁给了用户自己。这里还可以改进一下,直接给出第三方拍摄短视频的 App 名称甚至下载链接。

可以通过以下措施来满足上面提到的三个条件。

(1)为用户赋能或降低产品的使用难度

"能力"包含两个方面:一是用户自身需要具备的能力,它影响着用户能否正常使用产品;二是产品的使用门槛,门槛的高低决定着对用户的能力要求。把产品的使用难度降下来,就会降低对用户的能力要求,但反过来就需要我们提升产品设计能力。

例如,当下抖音的用户数很大,而且有很多通过抖音直播带货的成功案例,这就吸引了很多商家想入驻抖音做商业推广。然而大部分商家并不知道如何开始,也不知道怎样才能上架商品。不管抖音现阶段的产品策略是不是不想过于商业化,但单纯从产品卖货功能的使用体验来说,门槛还是比较高的。与抖音形成对比的是,淘宝虽然产品模式不太一样,但经过多年的发展,使用门槛已经非常低。

在设计产品功能时,一定要考虑这样两个问题:用户一般在什么场景下使用这个功能?他是怎样操作的?这就要考虑用户使用场景和用户操作场景下的各种情况,用户可能会遇到哪些问题,如何通过交互的方式解决这些问题。用户遇到的问题有些是因为自身能力不足,有些是因为产品使用门槛过高,这些问题暴露得越早越好,如果能在产品设计阶段就暴露出来,后续就不需要为此而专门进行产品迭代了。

可用性测试是一种比较好的调研方式，可以找到产品功能的目标用户，并利用高保真的原型，调研用户在操作和认知的过程中会遇到哪些问题。用户在实际使用情景下进行操作时，可能会发现一些操作上的问题，这就是可用性测试的价值。

（2）通过提醒引导用户顺畅地完成操作

这一点可以通过积极主动地影响用户来解决。在了解用户的使用场景后，我们要在用户操作的各个环节加以引导，并在用户可能会出现问题的地方给出相应的解决方案。在设计过程中，要重点考虑的问题是如何评估提醒的次数和提醒的时间点，以尽可能少地打扰用户。

（3）评估对用户有效的激励

大部分产品采用的激励方式是送积分，却没有认真考虑用户到底喜不喜欢积分。如果积分没有兑换价值，或者积分可兑换的价值并不是用户想要的，那么送再多积分也起不到激励用户的作用。

首先，要了解用户为什么使用产品，是哪些点打动了他们。往往这些点才是用户真正在意的，而且很有可能是产品说服用户付费的价值所在。对于用户来说，在这些价值点上的激励才是有效的。

其次，要评估以什么方式激励才能实现双赢，既让用户觉得得到了好处，又让我们自己觉得不吃亏。用户完成某个操作行为以获取奖励，他是付出了代价的，而我们是用发放奖励的方式来换取用户使用某个功能。需要评估如何做到这种交换的相对平衡，即用户完成一次操作行为，最少给予其多少奖励能达到激励效果。最好是能找到这个临界点，当然实际操作中一般都会多给一点。

以上就是游戏式设计对于用户的作用原理，从中可以看出，我们并不是要设计一个游戏让用户去玩,而是要让用户以玩的心态完成我们希望他完成的操作行为。

9.3 从游戏中借鉴如何留住用户

游戏为什么能吸引人?这是有原因的。小孩子喜欢玩游戏而不喜欢看书学习,最直观的对比就是游戏好玩,能带给他们乐趣;而书本枯燥,让他们提不起兴趣。我们发现幼儿园和小学的课本都设计得像漫画书一样,或者至少结合了很多漫画元素,以让课本变得更有趣味。这种变化是通过视觉效果来吸引学生,但游戏并不是只有视觉吸引人,还有游戏的机制和元素。我们在进行游戏式设计的时候,不应只借鉴其中一部分,而要把完整的优势都借鉴过来。

再来看一下用户使用产品的行为流程(见图 9-2),可以将其分为三个阶段:新手期、成长期和成熟期。

- 新手期:包含接触、认知、体验三个环节,从不是产品的用户变为产品的新用户。
- 成长期:包含使用、习惯两个环节,用户逐渐上手产品的功能,并熟练掌握。
- 成熟期:包含分享、上瘾两个环节,用户成为产品的粉丝,持续使用。

游戏玩家也分三个阶段,只不过成熟期的玩家可能会逐渐流失,如果游戏不能持续带给其新的目标或乐趣的话。

1. 新手期:增加转化,提升初期留存

在新手期,最关键的是让用户快速认知产品是什么,能提供什么服务。这个认知的过程往往时间很短,要在短时间内让用户

确定一个产品是不是自己需要的并非易事，那么游戏是怎么做到的呢？

凭借三大要素：精美的画面、舒适的操控、高质量的音效。对应到产品上，前两大要素就是吸引人的 UI、认知成本低的信息架构，再加上贴心的引导和简易的操作流程，就构成了产品在用户认知阶段获取用户心智的手段。

（1）吸引人的 UI

在很短的时间内无法传达太多的信息，只能靠界面来吸引人，并让用户认知到产品是什么。产品的 UI 设计很重要，很多产品经理可能没有意识到这一点，但很多产品是靠 UI 来传递给人的第一感觉的。

例如，共享单车类 App 在刚出来的时候，靠着新颖的通过地图展示附近有没有车辆的首屏，成功吸引到用户的注意力。要让用户快速做出要不要使用产品的决策，产品需要传达出是否"有车"的信号，而地图上的每个小点都代表着车辆信息，用户可以据此很快地评估附近有没有车辆可用，这很关键。

（2）认知成本低的信息架构

信息架构的作用是让用户快速找到相应的操作入口，合理的信息架构设计可以让产品的主要功能都位于正确的位置。用户打开产品后看一眼就能知道产品的核心功能是什么，从对应的位置点击操作后会得到相应的反馈。

还是以共享单车类 App 为例，首屏都会把大大的"扫码开锁"按钮放置在显眼的位置。用户想要骑单车，扫码开锁是必不可少的操作，不仅使用频率高，而且也是核心功能。将"扫码开锁"按钮放在显眼的位置让用户一眼就能看到，极大地降低了认知成本。

（3）简易的操作流程

用户在了解产品是什么之后，会尝试操作使用，这个过程越简短越好。如果体验的流程很烦琐，很容易让新手期的用户放弃使用。我们都知道流量的漏斗模型，每一次页面跳转都会带来相应的流量流失。

共享单车的扫码开锁操作只有一步，简单直接，打开扫码界面后对准单车上的二维码进行扫描就能开锁。图 9-5 所示为哈啰单车的首屏界面设计，其中突出了"扫码开锁"按钮。

图 9-5　哈啰单车的首屏界面设计

2. 成长期：通过细节留住用户

在成长期，用户已经对产品有了初步认知，在探索产品功能的过程中，他们对产品细节的呈现会有较高的要求。用户会将自己的需求与产品的功能进行对比，如果产品超出预期，则会继续使用；如果产品不能满足使用要求，则可能会流失。

在游戏中，细节同样重要。如果能有自己的特色，很好；如果没有，那就要把细节和过程做得好玩，这样才能留住玩家。对于过程部分，游戏是通过给玩家设定目标，并提供奖励让玩家融入社区的玩法来留住玩家的。对应到产品上，首先，最重要的也是细节，能否给用户惊喜关乎体验的好坏；其次是围绕核心功能所提供的分支业务流程要完备；最后可以考虑给予用户一些奖励。

（1）产品细节决定体验好坏

笔者一直认为在某个细小领域里做到极致也是一种成功。在产品功能设计上，没有最好，只有更好。从用户操作的角度来说，打磨细节的最主要的指导原则是"把用户变得越来越懒"，那样就会离成功越来越近。

例如，在微信中有这样一个功能，当你完成了手机屏幕截图的操作后，打开微信的任一聊天窗口，选择"+"发送其他内容时，微信默认会提示你是否要发送刚刚截取的那张图片（见图9-6）。此时可以选择这张图片，也可以继续选择发送表情、位置等其他内容，如果不选择，几秒后提示就会消失。这个设计不影响整体的操作流程，但在体验上提升了很多。

（2）要有完备的分支业务流程

大多数产品的核心业务流程并不能提供完整的体验，还需要分支业务流程来支撑。分支业务并不是无关紧要的，而是为了完善核心流程的体验必不可少的流程。分支业务流程不是主要功能，不会占据产品一级信息架构，因而很多情况下需要引导，而引导的方式和过程可以结合用户需要和使用场景进行针对性的设计。

图 9-6　微信聊天的截图自动提醒功能

例如，电商类产品的核心业务流程是下单和支付，而退换货是必需的分支业务流程。售后体验的好坏会极大影响产品的整体体验，因此电商类产品的退换货体验很关键。再比如在线文档管理类产品，其核心业务流程是在线编辑各种格式的文档，支持格式种类的多少会对体验有一定的影响，而其分支业务流程（如共享文档编辑）也是必不可少的。

这些分支业务流程可能无法在产品主界面中看到，因此当用户需要使用这些分支业务时，就要适时地进行引导。比如当用户打开订单详情页时进行提醒，当用户在分享文档时进行提醒。

（3）适当地给予用户奖励

用户是喜欢得到奖励的，很多时候需要给用户一些优惠，让用户留下来。

比如电商类产品的持续性营销活动，通过时不时地发一些优惠券，周期性地进行一些打折促销，吸引用户长期关注，经常打开产品看看是否有优惠。又如文档管理类产品的签到领空间功能，每天都有一次机会，这样能吸引用户每天访问产品，从而造就产品的高活跃度。图 9-7 所示为有道云笔记的签到领空间功能。

图 9-7　有道云笔记的签到领空间功能

3. 成熟期：不断加入新功能，加强互动

在成熟期，用户对产品功能已经很熟悉，如果产品一成不变，那么产品就不能带给用户新意。在这种情况下，除非产品提供的核心功能是日常的高频操作，否则就容易渐渐地被用户束之高阁。

游戏到了后期阶段，经常采用的手法是不断地开新副本，给予玩家新的挑战；或者强化游戏内的互动，比如引入团队任务、竞技PK 等，用玩家之间的互动来留住玩家。与之类似，产品设计上也可以通过加入新功能为产品注入活力，或者营造产品内部互动竞争的氛围来留住用户。

（1）新功能不能破坏产品定位

在产品中加入新功能时要特别注意，不能为了做新功能而做新功能，这样会使产品变成一个功能集合，弱化产品的核心功能，失去做产品的初心。要围绕核心功能展开，新功能应当是对核心功能的辅助或强化。

例如，微信的核心功能是即时聊天，其后续引入的朋友圈、摇一摇、附近的人等新功能都是围绕核心功能的社交属性展开的，虽然也有购物、游戏、小程序等与社交无关的功能，但这些都是为了打造产品流量生态而做的选择，已经不是单纯的产品成熟期建设了，而到了生态建设的阶段。

（2）加强互动，营造竞争氛围

非社区类产品一般很难在产品内部让用户直接互动起来，但这并不妨碍我们设计一些间接互动的形式。排行榜就是一种很好的间接互动方式，要抓住用户在意的点，才能产生竞争的效果。

很多游戏元素，比如成就系统、PK系统、任务系统、等级体系、群组机制等，在引入产品中之后能产生很好的间接互动效果，只是要结合业务特性来使用才能发挥出最大的效果。

游戏与产品的不同之处在于：游戏给予用户的是乐趣，而乐趣会随着时间的推移而递减，因为用户对乐趣的要求会越来越高；产品给予用户的是解决问题，只要业务场景存在，用户就会对产品一直有需求。因此在产品中引入游戏式设计会让产品的生命力更强，生命周期更长。

9.4 游戏式设计的 4 个关键点

在应用游戏式设计的过程中，也有一些关键点可以遵循，只要遵循这些关键点，游戏式设计并没有想象中的那么难。

先来看个案例，该案例引用自应皓在中欧校友微信群中介绍游戏化思维的内容。

主人公有一个正在读小学的女儿，她课余最喜欢的娱乐活动就是看电视和玩平板电脑。为了让她有节制地看电视和玩平板电脑，主人公和他太太设计了一个方案——做家务换时间。所谓做家务，主要是叠衣服。家中是每周洗一次衣服的，所以洗完晒干之后叠衣服的工作量还是挺大的，作为父母，他们也希望孩子能够做一些力所能及的家务。

他们按衣服的类别设定了一定的时间分值，比如内衣类每件可兑换 5 分钟，衬衫类每件可兑换 10 分钟，外套类每件可兑换 15 分钟。他的女儿通过叠衣服来积累相应的时间分值，比方说获得了 120 分钟，那么就可以用来看电视或玩平板电脑。这 120 分钟可以一次性用完，也可以分几次使用。或许有人会问，如果孩子叠衣服得到好几个小时的时间，一次性用完的话也不太好。其实，完全不必有这样的担忧。

第一，父母鼓励孩子和父母一起叠衣服，而不是把家务扔给女儿一个人干，否则岂不是把女儿当童工使了。所以，虽然一周洗衣服的量比较大，但分摊下来，每个人的工作量比较小。而且，孩子叠衣服的速度慢，效率低，为了让她积累更多的时间分值，父母有时会故意留一点衣服给她叠。

第二，女儿毕竟是孩子，不是什么衣服都能叠好的，她大多数情况下叠的都是袜子、内衣这些分值较低但自己力所能及的衣服，所以不会一次性获得大量时间分值。

第三，在玩耍之外，孩子的专注力是很有限的——学龄前幼儿的专注时间最多 15 分钟，而像女儿这样的小学生，最多 30 分钟（小学一堂课的时长是 35 分钟）。可以估算一下一个小朋友在半小时里能叠多少衣服。这些外在和内在的因素起到了平衡的作用。

他的女儿很快就喜欢上这个简单易懂的游戏规则，开始热衷于叠衣服，并主动找别的家务做。于是，主人公开始把其他家务项目也纳入这个游戏当中来，比如协助扫地、整理房间等，给每一项都赋予了相应的时间分值。

这个案例浅显易懂，相信大家都能看明白。案例中主人公的女儿最后喜欢上了主人公设置的做家务换时间的方式，主人公也达到了让女儿养成做家务习惯的目的。下面来借这个案例解释说明游戏式设计的 4 个关键点。

9.4.1 目标：明确为何要采用游戏式设计

案例中一开始就明确了目标：父母希望孩子能够做一些力所能及的家务。要达成这个目标并不容易，因为孩子的天性就是爱玩，不受拘束。要影响或者改变孩子的行为，需要借助一定的方式，而游戏式设计就是不错的选择，比生硬的说教强多了。

在设定目标的时候，要考虑如下几点。

（1）是否遇到了问题

我们通常会把解决问题设定为目标，这很容易理解。当我们需要采用新的设计方式时，必须先确定当下是否遇到了问题。问题一般分为两种：一是在现有基础上产生或已存在的问题；二是全新的问题。案例中，孩子看电视、玩平板电脑没有节制就属于已经存在的问题。

在产品设计上问题也有两种，要么是已有功能在用户使用过程中出现问题，要么是想新增功能。出现问题并不可怕，只要能找准问题的根源。有时候问题表现出来的原因与实际情况是不一致的。比如，通过看数据发现，一个需要连续三步操作跳转的表单经常卡在了第一步，我们可能会认为原因是用户不愿意使用这个烦琐的操作，但实际上可能是用户不会用，学习成本高。这两者之间差异很大，问题根源没找准，就会导致采用的解决方案不能解决问题。

（2）评估问题能否用寻常的方式解决

面对问题，我们都有一些基本的方法和套路去解决，这有点类似于某种本能反应。案例中，父母发现孩子看电视、玩平板电脑无节制，最先想到的肯定是劝说孩子少玩一点，这样对眼睛不好。这种劝说如果孩子能听进去当然好，但如果不能，就得寻求新的方式来妥善解决。

通常我们会采用一些基本的需求分析和设计方法，通过数据分析、用户调研等方式先获取一些反馈，再针对性地设计配套的功能点来解决问题。而新的优化方案上线后，如果发现问题没有得到解决或改善，还要尝试别的方式。这样通过多次迭代尝试解决问题，成本是比较高的，因此事先的评估很重要，要深入了解用户的真实想法和操作动机，找准问题的根源。

问题如果能用寻常的方式解决，就没有必要引入游戏式设计，毕竟存在学习成本和试错成本。

（3）评估用户是否有能力达成目标

设定目标时不能天马行空，不能根据设计人员的主观意愿来设定,而要考虑用户能否达成。否则目标设定得再好,那也只是看得见摸不着的"海市蜃楼"。案例中重点强调了"力所能及",不能以大人的标准要求孩子。

同样,我们在日常工作中,不能以自己的视角和需求替代用户的。产品经理相对于用户来说是专业人士,看问题的角度和对新事物的接受能力都不一样。要想让用户达成某个操作行为,就要先评估用户自己是否有能力完成。

分析清楚这三点,才能制定合适的目标,这对于能否利用游戏式设计解决问题很重要。

9.4.2 规则:约定限制条件和玩法

案例中对不同的家务类型采用了不同的约定方式,比如对叠衣服这种家务,对不同类型的衣物都做了相应的条件说明,这就是制定规则的过程。依照规则,孩子只要完成约定的行为就能获得对应的奖励。而孩子对奖励比较满意,这点很关键,这是规则能否在制定方和接受方之间达成一致的决定性因素。

(1)规则越明确越好,但不是越细越好

规则的约定讲究清晰明了,繁简有度。首要的是明确,至于详细程度,要因事而异。案例中,约定每叠一双袜子可以兑换5分钟,到这个程度就可以了,没有必要再区分是大人的袜子还是小孩子的袜子。但如果只界定到家务类型,比如叠衣服兑换10分钟,协助扫地兑换10分钟,这样就太粗糙了,不够明确。

在常见的积分系统设计中,我们通常都会约定到用户的单个操作行为,这样对用户来说就比较明确,他们知道在什么情况下操作是可以获得积分的。有一种方式可以很好地校验规则是否明确,即

在界定一个用户操作行为后，给身边其他岗位的同事看看，看他们能否清楚地知道对应的操作是哪个。文字描述、语言组织等元素也都可以通过这种方式验证。产品经理自己觉得很清晰的描述，别人不一定能看明白。

（2）每条规则最好与奖励挂钩

规则是用来约束用户的，用户会付出一定的代价，而有付出就要有回报，这是人之常情。奖励的挂钩方式最好直接一点，要考虑到用户的学习成本和接受程度。叠一件衬衫奖励 10 分钟看电视的时间，这很好理解，奖励很直接，也是孩子想要的。

我们在设计奖励方式的时候，一定要注意奖励的价值是否能得到用户的关注。奖励用户积分，但积分却没什么兑换价值，那么奖励就没有吸引力。因此积分系统的设计一定要与价值挂钩，不能独立存在。

（3）无规矩不成方圆

最后强调一下规则的重要性。我们日常在推进很多事情时，都是有规则的，没有规则就会造成一个无序的状态，可能永远都无法达成目标。游戏式设计中的规则是为目标服务的，它的作用是约束用户朝着我们期望的那样去操作。

9.4.3 反馈：及时告知行为的结果

在孩子每次做完家务后，都要及时地给予其应得的回报，还可以口头表扬，及时的赞赏比迟到的赞赏效果更好。反之，如果在孩子行为结束后反馈不及时，不仅会让孩子对该方案失去兴趣，而且可能会让孩子对父母产生信任危机，从而造成不可挽回的损失。

（1）针对结果的反馈

这一点比较好理解。在交互设计原则里，要求对用户的每个操作都有结果反馈，且要即时。一次点击、一次滑动，如果没有反馈，用户就会认定该操作无效，不再进行同样的操作。案例中，如果孩子在一次叠衣服后没有得到约定的奖励，那么她将不会参与下一次家务。

（2）针对过程的反馈

需要注意一点，用户操作与产生结果之间是存在时间间隔的，中间过程往往被我们所忽略。过程反馈是结果反馈的一种预期暗示。如果孩子在叠衣服的过程中想耍赖或偷懒，父母就可以告诉她叠完是有相应的奖励的，这样可以即时影响孩子的心态和行为。

比如产品中常见的搜索功能，以前的搜索功能都需要等到用户输入完、点击确认后才能搜索，而现在大多数搜索功能已经实现了边输入边搜索，根据用户的输入内容即时匹配一部分搜索结果或搜索词。

（3）管理用户的预期

比如，孩子是知道她叠完多少件衣服之后能获得多少奖励的，父母一定要遵守规则，才能让这种预期不被打破，让孩子逐渐养成做家务的习惯。

不过产品中会出现用户没有预期的反馈，那就是报错。这是用户被动接收到的反馈，对于这类反馈我们也要关注，尽量把所有的报错信息都隐藏在后台，不去打扰用户。

9.4.4 激励：鼓励用户的下一次行为

孩子在第一次完成家务之后如果得到了奖励，那么她继续做家务的可能性就会提高，反复强化之后，孩子就会逐渐养成习惯。激励是游戏式设计中的重要环节，它能赋予用户愉悦感，鼓励用户产生下一次行为，而这就是我们想要的用户黏性。

目标、规则、反馈、激励这4个元素是游戏式设计的精髓。将游戏机制引入产品中，激励用户完成某个操作行为，在特定的业务场景下，游戏式设计是一种有效的手段。然而游戏式设计并不适用于解决所有的问题，至少目前没有普遍适用的方案，因此在产品设计上进行应用时，一定要基于这4个要素进行分析，结合实际业务输出定制化的方案，才能发挥游戏式设计的效用。

9.5 产品设计中的常见游戏元素

游戏式设计会将游戏元素应用到产品设计当中，结合给予用户的激励机制，引导用户完成我们所期望的目标。但并不是在产品当中应用了游戏元素就是游戏式设计，如果没有目的地使用游戏元素，没有规则约束，没有有效的激励机制，就不能产生相应的效用。游戏元素更像是一种反馈的形式，它可以让用户知道自己距离目标还有多远。

这里介绍几种常见的游戏元素及在应用它们时的设计要点。一定要结合产品的实际业务场景应用这些游戏元素。

1. 积分 / 虚拟币体系

前文多次提到，积分体系可用于激励用户完成相应的操作行为。这是一种虚拟币的设计方案，用户在收集到一定的量后可以进行兑换。虚拟币本身没有价值，只是一个数字，它的价值在于可以兑换，而兑换的对象才是其最终的价值体现。因此，用户在意的是虚拟币的兑换价值，而不是虚拟币本身。

虚拟币的兑换价值包含两部分。

- **虚拟币的等价汇率**。不管是直接抵扣现金还是兑换物品，都可以最终换算成虚拟币对现金的汇率，汇率越低，说明虚拟币价值越高。汇率的高低会影响用户对虚拟币价值的评估和获取虚拟币的动力。
- **虚拟币的收集难度和时长**。如果虚拟币的获取难度很高，用户很难通过在产品内完成操作来获取，或者需要很长时间的积累，那么即便它的价值再高，用户看到兑换的希望渺茫，也会选择放弃。

可见类似积分体系这种虚拟币系统的设计，并不是简单地加上积分奖励就行，它其实是一套小型的经济系统。用户会评估其价值，一旦用户觉得很难获取，虚拟币体系就会失去作用。而要做到虚拟币小生态内部的平衡，需要经过财务测算，既要看所产生的营销费用企业能否承担，也要看有没有产生相应的效果。

例如华为手机系统内的虚拟币（花币）系统（见图9-8），用户可以在华为自家应用内将花币用于抵扣消费，但除了兑换、充值、购卡等方式外，用户唯一能通过付出行为来获取花币的方式是参与华为各个应用内的运营活动，这些运营活动会约定用户完成哪些操作可以得到花币。

2. 等级体系 / 成长值 / 经验值体系

这是一种体现用户身份等级或衡量贡献度的游戏元素，主要用于界定用户当前的身份定位。在互联网产品中，身份往往是虚拟的，并没有实际的意义。但身份等级往往对应着不同的会员权益，有价值的会员权益对用户才会有吸引力。这种形式一般用于沉淀会员用户,让其随着产品的生命周期而成长。

图 9-8　华为手机系统内的虚拟币生态

会员权益的梳理要基于产品能够为用户提供的业务价值,不能只是简单地给个不一样的身份标识,而要有实实在在的权益。如果无法梳理出会员权益,就不要上线等级体系。如果会员权益数量不多,那么等级的级数不要设置太多,否则不同等级之间体现不出差异,用户就没有升级的动力了。

比如京东的 PLUS 会员(见图 9-9),会员权益很多,大部分很吸引人,即便用户是付费购买的会员,如果他在京东购物频次高的话,也是划算的。购物频次高,这就是京东设计会员体系的目的。

3. 排行榜 / 进度条

这种游戏元素主要是利用人与人之间的比较心理，前面在讲同侪效应时也提过，人是群居动物，群体之间的对比会对个人的心理产生影响。应用这种方式的关键是要让用户通过比较彰显出自己的价值，通俗一点来说，就是要给用户提供炫耀的素材，这样用户才会乐在其中。

图 9-9　京东 PLUS 会员的会员权益列表

比如微信运动，你开启微信运动的统计功能后，微信运动每天都会生成一条你个人的运动记录，还有一份基于好友圈子的运动报告(见图 9-10),报告上不但有你个人的步数,还有微信好友的步数以及所有人的排名。很多人因为在意这个排名而开始运动走路。

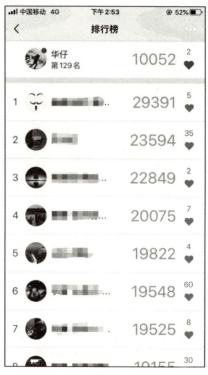

图 9-10　微信运动的每天好友圈子排行榜

4. PK 竞争 / 投票

个人与个人之间的竞争利用的是比较心理,而团队与团队之间的竞争则是团队荣誉感加在个人身上所产生的效用。这种方式常见于带有社交属性的产品中,通过利用用户的好胜心和荣誉感,加上 PK 的强互动,为用户带来挑战。

多个对象之间的投票也属于 PK 的一种，为了让自己心仪的对象得票数高，用户会主动发起拉票的行为，而这正是产品经理想看到的。图 9-11 所示为一种正反方 PK 式投票的设计。

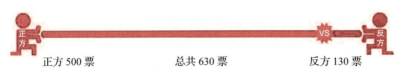

图 9-11　正反方 PK 式投票的设计样式

此外，还有勋章、组队、评分、关注、解锁内容等游戏元素。比如在线教育类产品经常会采用一种闯关的形式，只有学完了前面的内容，才能解锁后面的内容。

在产品中引入游戏元素是要为整体的游戏式设计服务的，单独的游戏元素的效用不大。游戏式设计的关键在于将游戏元素形成合力，从而影响或改变用户的操作行为。

9.6　本章小结

游戏式设计通过鼓励产品所期望用户完成的行为，使用户更好地沉浸于使用产品的过程当中，从而增加产品受众参与度、用户忠诚度和乐趣的一种设计方式。主要应用于非游戏的场景，它本质上是一种方法，一种可以应用到产品设计上的思维方式。游戏式设计的目的是解决用户黏性和消除用户使用产品的心理抵触问题，如果当下产品没有这样的需求，那就不需要考虑游戏式设计。它的作用原理就是创造一种沉浸式体验，让用户参与到场景当中，通过自己的努力获得奖励或回报，并基于一系列连贯的交互操作设计，使用户行为贯穿整个业务流程，获得完整的用户操作流程。

游戏式设计的四个关键点是：目标、规则、反馈和激励。游戏式设计会将游戏元素应用到产品设计当中，结合给予用户的激励机制，引导用户完成我们所期望的目标。

　　至此，我们已经介绍了好几种场景化设计的方法，下一章我们将介绍如何衡量场景化设计结果的优劣，探讨如何从用户的视角来评价设计方案的好坏。

| 第 10 章 | CHAPTER

衡量标准：基于场景化的产品设计考量

产品设计并不是标准化的行为，因此难以对其进行量化，而只能通过定性的方式比较它的好坏———一般是指其作用效果的优劣。在设计者的眼中，自己的设计都是完美的；而对于用户而言，好用且能满足自身需求的设计才是好的设计。因此，当我们要衡量场景化设计的效果时，要从用户的视角切入。从用户的视角来评价设计方案的好坏相对客观，而且这也与场景化设计基于用户的真实场景来解决问题是相符的。

10.1 场景化设计的问题和应对

要设计出令用户满意的产品，产品经理需要深入了解用户的需求,分析用户在使用产品的过程中可能会遇到哪些问题,然后找到应对方案,最终有针对性地制定和实施设计策略。当前,作为新兴的产品设计模式,场景化设计在应用广度和深度上都还不够,所形成的设计准则也不多,因此需要不断发展和实践。

目前在场景化设计中存在如下几个问题。

(1)用户需求随着场景变化而变化,找准需求比较难

即便是同一用户,随着时间、地点、心理状态的变化,他也会有不同的需求。场景发生改变后,用户的诉求会随之改变。不同用户在场景变化中的需求变化就更难分析了。在场景化设计中,数据分析只能起到辅助的作用,因为数据反映的是客观情况,而场景化则更多是用户主观行为的反映。数据是由用户行为产生的,对数据的分析属于事后结果分析,在某种程度上能反映出用户之前的需求,而不是当前需求。而场景分析则是要预测用户的行为,属于事前动机分析,只有更深入地了解用户在不同场景下的需求变化,才能较为准确地预测用户下一步的行为。

当前能用于用户场景需求分析的方法和工具不多,用户访谈和可用性测试算是两种较好的事前动机分析方式。这就要求产品经理走出办公室,利用一切机会接触一线用户,了解他们的想法,并通过模拟一些条件来测试在不同场景下他们的需求变化。只是在办公室里凭经验或者收集产品数据来分析,很难洞察用户的场景需求变化。

时间、地点、环境等场景因素的变化相对较少,而人这个因素变化非常多,除了性别、年龄、收入等因素以外,精神需要层面和心理满足层面也都会影响到用户需求。如果我们不去接触和了解用户,是很难获取到这些层面的准确信息的,因此归根结底,要多了解一线用户。

一方面，我们要走出去，深入一线去了解目标用户群体，多沟通，多调研，尽量多掌握用户在场景变化时的心理变化和预期行为变化；另一方面，我们在列举场景时要尽可能全面，分析出各种场景因素作用下用户可能会遇到的问题和采取的行为，然后综合考虑，以便设计出最优方案。

（2）场景变化比较快，影响场景变化的因素多

影响用户场景的四大因素是用户、时间、地点、任务。在用户场景层面，时间和地点相对好分析，而随着用户场景的变化，用户的心理状态和行为动机会发生变化，自然也会影响到任务的变化，因此用户场景的变化主要与用户相关。

而影响业务场景的因素有很多。在已知的行业，我们会基于现有的认知去分析业务场景。但是随着技术的进步，移动互联网、人工智能、区块链、物联网等新技术层出不穷，新的技术革新既会开创出新的业务模式，也会对现有的业务模式造成很大冲击，会导致有些业务领域消亡，有些业务领域进化成新的业务形态，有些业务领域与新技术结合后焕发新生。

因此，一方面，我们要始终以用户为中心，找准目标用户群体并进行分层管理。目标用户群体的范围并不是越大越好，而是越精准越好。另一方面，我们要以业务为驱动，基于业务本质，来源于生活而应用于生活，同时要与时俱进，找到业务与新技术结合的突破口。

（3）设计效果评估比较难，很难标准化

目前业内尚未总结出完善的场景化设计准则，也就没有参照的依据。但产品设计体系的方法论并非完全不适用，在分析清楚用户的场景需求后，可以套用现有的产品设计方法去设计。把用户需求转化为产品需求之后，方法就都是相通的了。而场景化分析方法的作用是完成把用户需求转化为产品需求的这个过程，可以作为一种需求分析方法。

综上所述，设计的过程是有章可循的，而效果评估是难点。一方面，场景所涉及的产品操作环节一般较多，导致收集用户使用反馈的难度较大。可以适当扩大设计效果评估的范围，以功能模块或页面整体为单位，收集用户使用的行为数据，并在分析、改进设计之后，观察相关衡量指标的表现情况。

另一方面，无法精确衡量有效目标用户的占比。可能有部分用户操作中断了，有部分用户操作成功了，还有部分用户根本不知道如何操作。我们通过数据观察，分析到的大部分是操作成功的用户（在数据埋点比较细的情况下，也能抓取到操作终端的情况），因此较难估算有效目标用户的占比情况。此时除了看数据以外，还可以进行几轮抽样用户调查，以获取到用户在产品改进后仍然未能成功使用产品功能的原因，以及在使用过程中中断了的原因，看到底是什么原因导致用户不能正常使用产品功能。

场景化设计的过程既包含需求分析的方法，又包含产品设计的方法，需要通过效果评估来不断优化。我们只有认识到目前存在的问题，找到应对的方法和策略，才能让场景化设计逐渐趋于完善。

10.2　从设计目标的角度衡量

第 7 章介绍过，场景化设计的目标是贴心、高效、情感化，那么可以试着根据目标实现程度和效果来衡量产品设计。我们在描述"贴心""高效""情感化"这几个词的时候，总会使用具体的业务点优化要求来描述，这些描述其实就是我们可以用来衡量效果的角度，比如产品设计方案有没有：

- 缩短核心业务流程；
- 减少用户操作环节；
- 设计细节能够打动用户，让用户发出"哇"的惊叹；
- 替用户着想，考虑用户的学习和思考成本。

（1）有没有缩短核心业务流程

核心业务流程在定型之后，每缩短一个环节都是对原有业务的一次改造。在改造的过程中可能会遇到很多阻力，但改造完之后的好处是显而易见的：节省了时间、人力，提高了业务流转的效率。

从产品设计的角度衡量业务流程有没有缩短十分简单，只要比对优化前后的业务流程图，数一下环节数就可以了。当业务流程已经十分精简时，再想优化就比较难了。以电商产品中用户申请退款的业务流程为例。

早期的电商产品申请退款流程如下：

用户申请→商家或平台客服审核→财务审核→财务手动打款→财务对账

流程比较长，一般产品上给出的退款时效在 1~15 个工作日，注意是工作日，遇到国庆长假或春节假期，整个流程会拉得很长。这样，用户的售后体验不太好，早期电商产品售后客户投诉中大部分是关于退款时间的。

随着支付网关技术的进步，开放了在线退款的接口，很多产品进行了相应的开发，增加了"退款原路返回"功能，此时的退款流程如下：

用户申请→商家或平台客服审核→系统自动打款→财务对账

该流程的退款时效可以缩短到 1~3 个工作日，因为改成了系统自动打款，所以唯一的依赖就是商家或平台客服审核的环节。相比上一种方式，这种方式已经减少了两个人工操作步骤，效率提升明显。有些产品会在此基础上为"商家或平台客服审核"环节增加一个处理时效限制，如 48 小时内处理，否则默认算同意，从而进一步缩短了流转时效。

大多数产品的业务流程优化到这一步已经很精简了，而淘宝给出了一个新的设计方案：基于芝麻信用分，当用户的芝麻信用分达到一定分值时，用户申请退款时可以直接退款，也就是把社会信用体系加进来了。相关流程如下：

用户申请（满足信用分条件）→系统自动打款→财务对账

相当于用户申请一提交就退款成功了，退款时效变为了即时退款，平台方的人工操作都节省了，业务流转效率提升了很多。

在此基础上还可以优化。有人会问，业务流程已经不能再精简了，还能怎么优化呢？答案是缩短用户填写表单的时间，这就涉及用户操作环节了。

（2）有没有减少用户操作环节

用户操作环节是用户在使用产品的过程中，基于产品设定的操作流程去操作的每个步骤，包含点击、滑动等操作。与业务流程一样，我们可以画出用户针对产品某一功能的操作流程图，并在上面列出所有的操作环节。同样，可以通过比对优化前后的操作环节数来看有没有减少操作环节。

接着看上述退款申请的例子。退款申请表单的填写操作一般如下：

打开退款申请表单→选择退款类型→选择退款原因→填写理由→
上传举证照片→确认提交

除了打开和提交这两步操作，表单里的操作都是可以根据场景需要进行优化的。比如用户在发货前申请的，此时货物还没发，退款类型就是仅退款，不用举证照片，甚至不需要填写理由，大部分商品提供 7 天无理由退换服务。如果用户是在发货后申请的，则在每一项都需要填写的情况下，可以通过优化表单的交互来提升操作效率。

不过有时候用户对操作路径的选择并不一定会按照我们所设定的来，通过调研可能会发现用户宁愿选择长路径的操作方式，也不使用快捷路径。这中间的原因值得我们分析，找准用户的操作习惯，有针对性地进行操作环节的优化。

如图 10-1 所示，抽样 10 个用户进行视频课程学习的操作路径访谈分析。通过观察得出的结论是，并非所有的用户都使用操作环节最少的路径进行学习，这就值得我们思考是否产品设计引导出了问题。

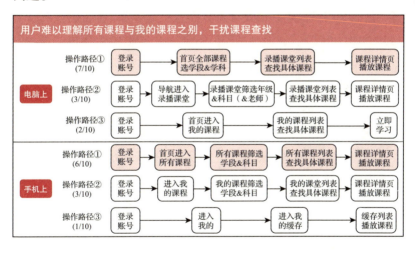

图 10-1　开课啦针对视频课程播放的操作路径调研

（3）有没有设计细节打动用户

有没有打动用户其实只有用户自己知道，所以这是比较主观的一种评估方式。产品经理在设计时都会考虑尽可能为用户省事，为用户省时间，让用户变"懒"，但这种考虑是否一厢情愿，就看用户是否对设计方案满意了。

产品经理紧接着能想到的就是对用户进行满意度调查，抽样部分用过新功能的用户，看他们对新功能的评价怎么样。不过事后调研有个弊端，那就是一旦发现用户接受度不高，就要接着安排一次迭代进行优化。而可用性测试可以把用户调研的步骤提前，当我们用高保真原型向用户演示新功能时，如果用户看完之后的第一反应是"这个好""这个不错"，那就说明新功能打动了用户，得到了用户的认可。

还有一种方式是看用户有没有主动分享新功能。当某个功能或某个设计点打动用户的时候，很有可能会激发一些用户的分享意愿，他们会将产品中好的设计点分享到社交网络。据说腾讯有一个"10/100/1000法则"，即产品经理每个月必须做10个用户调查，关注100个用户博客，收集反馈1000个用户体验。这个方法能收到用户的反馈，当中有不好的反馈，也有好的反馈。那些好的反馈就是产品打动用户的点。

（4）替用户着想，考虑用户的学习和思考成本

这些都需要用户主观来评价，我们要想获知结果，只能在设计方案上线之后，抽样调查用户的使用反馈。因此我们需要掌握一些用户调研和用户访谈的方式方法，以便有效获知用户的反馈。

图10-2所示为开课啦App所做的一次针对产品线上学习主流程中各个主要分支业务流程的用户满意度调查，样本为830个用户。从结果可以看出，用户对各个分支流程的满意度差异还是比较大的。以平均分最低的购买直播课为例，用户的付费意愿是比较低的，因此相关功能的满意度低还算正常，而第二低的录播课缓存功能就值得我们深入了解和分析了。缓存功能本身是为了帮助用户

节省流量而设计的，前期调研时需求很强，但这次的满意度调查结果不理想，说明用户在使用过程中遇到了问题，该功能还需要优化。

请你根据自己在手机上使用开课啦 App 的实际情况和真实感受，分别对以下各个功能环节进行使用满意度的评分，1～10 分，1 分表示最不满意，10 分表示最满意。该矩阵题平均分：8.05

题目\选项	1	2	3	4	5	6	7	8	9	10	平均分
注册登录（注册、激活学习卡、登录）	23 (3.88%)	8 (1.35%)	7 (1.18%)	7 (1.18%)	46 (7.76%)	17 (2.87%)	25 (4.22%)	67 (11.3%)	57 (9.61%)	336 (56.66%)	8.44
购买直播课（报名、支付）	59 (9.95%)	20 (3.37%)	20 (3.37%)	15 (2.53%)	45 (7.59%)	31 (5.23%)	33 (5.56%)	47 (7.93%)	69 (11.64%)	254 (42.83%)	7.42
观看直播课（视频播放、互动聊天）	30 (5.06%)	10 (1.69%)	17 (2.87%)	17 (2.87%)	44 (7.42%)	20 (3.37%)	33 (5.56%)	73 (12.31%)	71 (11.97%)	278 (46.88%)	8
查找录播课（条件筛选查找、搜索）	26 (4.38%)	6 (1.01%)	18 (3.04%)	19 (3.2%)	40 (6.75%)	32 (5.4%)	48 (8.09%)	59 (9.95%)	71 (11.97%)	274 (46.21%)	8.01
观看录播课（视频播放、截屏做笔记）	32 (5.4%)	11 (1.85%)	11 (1.85%)	11 (1.85%)	33 (5.56%)	27 (4.55%)	43 (7.25%)	58 (9.78%)	66 (11.13%)	301 (50.76%)	8.14
缓存录播课（缓存、离线播放）	50 (8.43%)	20 (3.37%)	18 (3.04%)	20 (3.37%)	38 (6.41%)	25 (4.22%)	47 (7.93%)	53 (8.94%)	49 (8.26%)	273 (46.04%)	7.57
在线做题（随堂练习、课后考试）	35 (5.9%)	9 (1.52%)	16 (2.7%)	13 (2.19%)	29 (4.89%)	29 (4.89%)	31 (5.23%)	70 (11.8%)	56 (9.44%)	305 (51.43%)	8.1
查看学习记录（学习时长、学习进度、学习报告）	38 (6.41%)	3 (0.51%)	16 (2.7%)	15 (2.53%)	30 (5.06%)	30 (5.06%)	29 (4.89%)	63 (10.62%)	57 (9.61%)	312 (52.61%)	8.13
使用心理 FM（播放、点赞、评论）	27 (4.55%)	7 (1.18%)	8 (1.35%)	8 (1.35%)	17 (2.87%)	17 (2.87%)	30 (5.06%)	41 (6.91%)	54 (9.11%)	384 (64.76%)	8.68
使用社区（看帖、点赞、回帖、发帖）	35 (5.9%)	9 (1.52%)	16 (2.7%)	18 (3.04%)	30 (5.06%)	34 (5.73%)	43 (7.25%)	43 (7.25%)	54 (9.11%)	311 (52.45%)	8.04

图 10-2 开课啦 App 针对各分支业务流程的用户满意度调查结果

我们常说产品设计和体验设计的目标是给用户惊喜，让用户感动，但却很难衡量设计效果。当我们在演示设计案例的时候，如果只是看设计方案，没有前后数据对比的结果分析，那么方案的可信度就会大打折扣。

从设计目标的角度衡量设计方案是一种结果反推式的衡量方式，有些结果在设计方案阶段就可以对比出来，有些结果要等到上线、用户使用之后才能反馈出来。要尽量把设计风险控制在上线之前，宁愿前期调研多花点时间，也不要在后期迭代优化上耗费过多的精力。总体而言，我们要多与目标用户打交道，才能提高设计方案的正确率。

10.3　基于场景拆解的体验衡量

在场景化设计过程中，我们会对用户使用某功能的场景进行穷举，以期望设计方案能尽可能多地解决用户会遇到的问题。反过来，当设计方案已经确定或者已经上线，我们也可以用倒推的方式来衡量设计方案，看看能覆盖多少种场景。这种方式可以称为场景拆解，即借助场景化设计的方法，反向用于推导设计方案是否成立，它可以用于检验现有产品功能的设计效果。

场景拆解的评价方式有两大作用。

其一，可以检验现有产品设计方案的效果，可以直观评估方案能覆盖多少种用户场景。覆盖的场景越多越好，我们可以采用穷举的方式将每个会影响到场景的因素都纳入考量。

其二，当推导出方案有问题的时候，可以找到问题点，重新设计优化方案，以使产品功能的体验再上一个台阶。熟练运用该方式，可以使产品的整体体验越来越好。

以阅读类 App 产品为例。在用户阅读正文时，这类产品都会设置一张背景图，使其与文字结合后能让用户看得更清晰且不容易产生眼睛疲劳。因此产品往往会有白天模式和夜间模式两种模式。图 10-3 所示为夜间模式的设置，用以在环境光线变化时切换不同的背景图和文字颜色，从而提供尽量好的阅读体验。下面以背景颜色和文字颜色切换这一功能点为例来拆解场景设计的过程。

第 10 章　衡量标准：基于场景化的产品设计考量

图 10-3　常见阅读类 App 正文阅读的护眼功能设计都含夜间模式

白天模式主要考虑在光线充足的场景下，需要采用比较暗的背景，文字颜色以黑色为主；夜间模式主要考虑光线比较暗的场景，需要突出文字，使阅读体验更好，文字颜色就用白色。

我们来反推一下用户使用阅读正文功能的场景。从时间、地点、用户、任务四要素来看，用户和任务都是固定的，即用户使用阅读功能完成电子书的正文阅读，那就主要看时间和地点因素的影响。

用户可能在早上上班的路上、中午吃饭时、下班路上、晚上坐在沙发上或躺在床上看电子书,能影响光线的因素分室内和室外,室内一般会有灯光照明,室外则受天气的影响,有晴天、多云、阴天的差异,晴天的光线要超过室内灯光和室外多云天气的光线。结合在一起列举场景如下。

1)用户早上在蹲马桶时阅读,属于室内灯光场景。

2)用户在早上上班路上,乘坐交通工具时阅读,属于室内灯光场景。

3)用户在早上上班路上,没有乘坐交通工具,步行时阅读,属于室外场景,要考虑天气因素。

4)用户在中午吃饭时阅读,属于室内灯光场景。

5)用户在下班路上乘坐交通工具时阅读,属于室内灯光场景。

6)用户在下班路上,没有交通工具,步行时阅读,属于室外场景,此时既要考虑天气因素,也要考虑时间因素,不同季节太阳下山的时间不一样,可以当成光线比较暗的场景处理。

7)用户在晚上坐在沙发上或躺在床上阅读:如果开着灯,属于室内灯光场景;如果关着灯,属于夜间场景。

8)用户在假期窝在室内阅读,考虑室内白天和黑夜的光线变化即可。

9)用户在假期到室外阅读,可能是乘凉,也可能是晒太阳,要考虑天气因素。

诸如此类,可能还有一些没有列出的场景,这里只考虑这些。

考虑到要科学用眼,不建议在移动的过程中长时间阅读,因为移动会伴随着抖动和光线的快速变化,容易导致眼睛疲劳。因此暂时不考虑第2、3、5、6条的场景。

剩下的分室内和室外,考虑到天气因素,实际上可以分为强光、正常光、弱光三种光线环境。由于目前手机屏幕的材料特性,强光环境下会造成一定程度的反光，阅读体验并不好。

从这个层面上来说，当下阅读 App 只考虑白天和夜间两种光线环境就已经覆盖了正常阅读的全部场景，能说得过去。但我们都说要以用户为中心，现实当中，不利于阅读的场景大部分用户仍然在阅读，这就是我们需要考虑的。

如果在用户移动的场景中可以设置缓解用户眼睛疲劳的颜色，比如绿色，则可以让用户眼睛没有那么快疲劳，在阅读中度过上下班路上的时间，之后用户就会停下来休息眼睛。如果在强光环境下有能增强阅读体验的好办法，那也会是不错的选择。这就在白天和夜间之外又增加了两种阅读模式。

手机相机的拍摄模式演进是值得参考借鉴的，从简单的拍照模式，演化到现在人像模式、静物模式、夜景模式、风景模式等，根据不同的场景，提供针对性的成像优化方案，以满足不同用户场景的需求。

对于大多数用户来说，使用手机阅读的时长应该是超过使用拍照功能的。当下普遍的设计能满足用户正常的需求，但要提供更加个性化、体验更好的服务，还可以再进一步优化设计方案。

从上述例子中可以看出，反向拆解场景的过程有助于分析设计方案所能覆盖的用户场景，这是一种事后查漏补缺的方式。如果一开始就采用了场景化设计，那么除非设计方案上线后发生了比较大的场景变化，否则就不需要再使用该方法去校验；如果一开始没有采用场景化设计，则该方法是一种较好的检验设计方案有效性的手段。

10.4 基于用户场景的可用性测试

在前面的介绍中，我们已经知道可用性测试是一种比较好的方法，它在设计方案着手研发之前就能用于检验方案的有效性。通过该方法进行用户调研，可以提前知道用户对于设计方案的认可程度，并尽可能地发现其中存在的问题。

对于任何一种用户调研的方法都需要在调研之前准备素材，以便在面对用户时能顺畅地进行调研，并控制好调研时间，在一定程度上管控用户的参与度，使用户在有限的时间内保持调研的注意力。因此需要好好准备，把可能影响场景变化的因素都提前考虑到。

（1）明确目标用户及涉众

目标用户是需要最先确定的，这也是我们的调研对象，除非是新产品或新业务的产品线，否则目标用户都应该是确定的。主要看一下对目标用户有影响的涉众，因为涉众能影响用户的决策。

有时候涉众不是很明确，我们可以通过调研用户来获知什么角色对其决策有影响。大部分业务的涉众是明确的。比如在线教育行业，能影响学生决策的除了其本人以外，还有家长、老师、同学等，而且使用的人不一定是付费的人。财务软件、营销软件等工具类产品的涉众也是类似的。

（2）明确用户的需求

用户为什么要使用产品的功能？我们要事先分析，在假定的可行条件下，用户使用产品功能的动机，以及用户想得到什么样的预期效果。触发用户需求的动机分析是场景分析中的重要环节，可以通过动机分析得到触发的因子，哪些情况会导致用户产生相应的需求。

比如学生使用在线教育类产品，有可能是自主自愿地来学习，也有可能是看到同学们都在学之后的从众行为。不同动机下使用需求的强烈程度是不一样的。

(3) 确定用户想要达成的目标

通过用户使用场景分析,我们要知道用户的目的是什么,怎样才算达成用户的目的,产品功能在辅助用户达成目的的过程中如何发挥价值。从用户的角度来衡量如何才算达成目的。

(4) 用户如何通过产品功能实现目标

这是从产品功能角度出发,按照设定好的操作步骤,引导用户操作达成目标。如果用户的目标不是 100% 能实现的,则还需要评估这种差异用户是否能接受。另外,梳理出来的操作步骤是我们在面对用户时演示给用户看的,看用户对每个操作环节的接受度怎么样。图 10-4 所示为某在线教育产品设定的用户掌握单个知识点的操作流程。

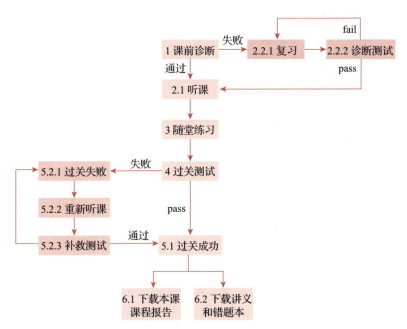

图 10-4 某在线教育产品设定的用户掌握单个知识点的操作流程

需要注意的是，用户在产品上达成同一个目标可能会有多条路径，我们需要把这几条操作路径都列出来，通过调研找出潜在的问题。

明确上述四方面的信息后，就可以开始设置可用性测试的任务了。可以是用户听我们讲解，然后给出反馈意见；也可以是用户看我们操作，然后指出过程中的问题；还可以是我们看用户操作，发现过程中存在的问题。

设置可用性测试任务场景时，因为时间不会那么充裕，所以设置的测试任务不宜过多。在测试过程中，也可以挖掘用户场景，通过观察用户的操作过程，设身处地地去思考还可能会遇到哪些问题，他们为什么要使用产品，他们想通过产品获得什么。

在可用性测试中，我们要做的不是通过场景告诉用户如何完成一个任务，而是在测试中观察用户是如何完成任务的，并根据用户的操作情况来判断：产品的设计是否能够有效帮助用户；在复杂的环境与干扰下，用户能否通过产品实现自己的目标。可用性测试不是告诉用户如何使用产品来实现目标，而是要看用户能否通过设定的操作达成目标。如果用户执行任务的过程中断了，我们就要分析中断的原因。

在正式测试前，必须预先设定好需要用户完成的操作流程，包括用户可能使用的主要操作入口或者其他操作入口。测试人员在测试过程中要去了解用户使用产品的情况，在测试后，对比预期的操作流程和用户完成任务时的真实操作流程，以此来分析产品设计方案的效果。

可用性测试可以在产品研发之前做，也可以在功能上线之后做，差异在于前者是借助高保真原型或其他设计方案的产出介质，后者是让用户真实操作产品功能。

10.5　本章小结

场景化设计作为新兴的产品设计模式，在应用广度和深度上还不够，所形成的设计准则还不多，因此还需要不断发展和实践。从设计目标的角度出发去衡量设计方案是一种结果反推式的衡量方式，场景化设计的目标是贴心、高效、情感化，可以从目标实现程度和效果的角度去衡量。但我们要尽量把设计风险控制在上线之前，宁愿前期调研多花点时间，也不愿在后期迭代优化上耗费过多的精力。

基于场景拆解的体验衡量是借助场景化设计的方法，反向推导设计方案是否成立，可以用于检验现有产品功能的设计效果。这种评价方式有两大作用：一是可以检验现有产品设计方案的效果，可以直观地评估出方案能覆盖多少种用户场景；二是当推导出来发现方案有问题的时候，可以找到问题点，再重新设计优化方案。可用性测试可以帮助我们看到用户是如何完成任务的，并且能反馈出所设计的产品流程、产品界面有没有帮助用户完成任务，如果用户执行任务的过程中断了，就要分析中断的原因。

从下一章开始将进入实战的部分，将场景化设计运用到实际工作中。

第三部分

实战场景化

　　通过前两个部分的介绍,我们知道了业务场景和用户场景,以及场景化设计的分析方法;了解了如何将场景化设计方法运用到产品设计过程中,结合影响场景变化的因素,重点分析了用户和任务两个因素在产品设计中的应用。接下来我们要学以致用,将场景化设计运用到实际工作中。

　　这部分的实战演练主要以电商类产品为例,涉及会员、订单、优惠券、直播、短视频等具体的功能点设计。除此之外,也对业务场景分析如何转化成产品业务模式进行了举例说明。

第 11 章 CHAPTER

实战演练：场景化在电商类产品中的应用

电商产品在很多层面上对用户心理活动的把握都做得很到位，可以说把人性的很多面都利用得淋漓尽致。且随着对消费者研究的不断深入，新的电商模式层出不穷，使这个行业经久不衰。人们从不信任电商产品到离不开电商产品，既是因为主动接受了电商革命，也是因为电商类产品通过各种方式在持续影响和改变着用户的态度和行为。

电商是线下物品交易业务场景的线上化产品，解除了时间和空间上的限制。早期线上商品不多的时候，电商产品的主要手段是扩充品类，哪个产品上的商品丰富度高，就更能吸引用户关注和使用。到中后期商品不再是问题时，比拼的是促销手段、交互体验、服务，针对的是用户使用场景和用户操作场景。

下面从会员购买、优惠券发放、购物车优惠券使用、短视频排序、电商直播、不同角色订单结算逻辑六个方面，结合场景化设计的四个要素，通过场景列举和场景创造的方式，以贴心、高效、情感化为设计目的，讲述在实际设计过程中，场景化设计方法的运用。

11.1　电商会员购买场景设计

社交电商、社群营销、私域流量的盛行对电商产品的影响很大，可以说电商行业到目前为止一直是一个创新层出不穷的行业，也因此，电商产品长盛不衰。这些模式其实都是在用户使用场景上下功夫，通过各种增强用户对平台产品黏性的方式来导入和留住用户，会员制也是其中一种，当下很多电商产品都推出了付费会员的功能。

从平台的角度，会员模式有助于圈住用户，在信息变得越来越透明的情况下，用户对电商产品的黏性也在变差，特别是对于标品和品牌商品而言，价格战似乎成了影响用户决策购物的关键因素。因此在非标品方向上的发力，以及发掘和严选不知名品牌商品成为产品供应链优势竞争的重点。另外，虽然因为会员权益的输出似乎平台收入受损，但会员费是预付费的形式，对于平台来说是一部分现金流，且会员模式实际带来的复购率和长尾效应，相信每个产品都做过相应的评估，肯定不至于亏钱。

从用户的角度，会员不是一个必需的功能。不办会员也能正常下单购买，只不过看上去办了会员优惠力度更大。现在电商产品的节日促销力度本来就很大，加上需要预先支付一笔初步算下来好像不太值当的费用，即便平台一直强调办了会员肯定是赚的，但用户算的都是近期的账，远期的事情比较难预测。所以购买会员这件事，对于用户来说是有阻力的，场景塑造上不太成立。

付费会员对于平台来说都是好处，对于用户来说可有可无。因此，要设计会员购买功能，核心是要解决用户诉求问题，创造出用户使用场景。在用户看来，"划算"导致的成交才是可以接受的。从贪小便宜的用户心理角度分析，给予有吸引力的会员权益是关键。很多产品其实没有能力梳理出有价值的会员权益，这种情况下宁愿不上这个功能。有了会员权益才能体现出会员的优越性，而且这种优越性要实实在在让用户直观地感知到，才能引导用户改变决策。

用户购买付费会员的场景，通过上述的分析可知，存在两个问题需要解决：

1）如何让用户直观地感知到会员权益，而不是到了会员中心才感受到；

2）如何让用户消除短期内所获权益不足以抵扣会员费的顾虑，让用户直观地觉得划算。

针对第一个问题，我们可以想办法把会员权益前置，让用户在浏览产品的时候就能看到会员与非会员的差异，把用户对会员的感知提前。如图 11-1 和图 11-2 所示为京东 PLUS 会员的权益前置设计，列表页的设计可以吸引用户点击进入详情页，而详情页的设计则可以辅助用户缩短购买决策的时间。

从用户使用场景出发，当用户想购买产品的时候，此时用户有较强的浏览需求，且目的性较强。同样的商品会员和非会员的价格对比最为直观，京东的设计给予用户强烈的对比。截图时京东 PLUS 会员是 99 元 / 年，小于购买华为手表的价差 450 元，可以说是相当划算了，办了会员，后面购买别的商品也能享受优惠。

第 11 章　实战演练：场景化在电商类产品中的应用

图 11-1　京东 PLUS 会员在商品列表页的优惠信息露出

图 11-2　京东 PLUS 会员在商品详情页的优惠信息露出

这种场景前置的方式能够在用户恰好需要的时候出现，将会员购买的需求结合到用户操作的场景当中，结合产品功能来给出引导和暗示，从而实现用户需求到产品功能的过渡。通过产品设计，给用户创造出购买会员的场景，也给用户足够的理由。

针对第一个问题我们将场景前置了，针对第二个问题则需要将用户的付费行为后置。用户的顾虑在于接触到前置场景时无法估算出付费的价值。比如当下购买商品的时候，大多数情况下办了会员所能得到的优惠不足以抵消会员费，而用户不一定会去算远期的账，因此就会产生顾虑。

从办理会员的引导角度,我们一定会告诉用户办会员是划算的,甚至可以根据平台的大数据分析,估算单个用户一年会在平台产生多少消费,从而测算出办了会员能节省多少钱。但从用户心理的角度,对于未发生的事情,天然是会有抵触心理的,此时要消除这种抵触心理,最好的办法就是将付费的动作后置。先让用户省钱尝到甜头,再让用户付费购买会员。

有两种方式可以将付费行为后置,一种是给予用户一定的免费试用期,试用结束之后再引导用户付费。如图 11-3 所示,京东 PLUS 会员可以免费试用 30 天。

图 11-3 京东 PLUS 会员可以免费试用 30 天

另一种方式是让用户先享受会员所带来的好处，一年会员有效期到期之后再让用户付费。如果用一年在平台上的消费所节省的金额不超过会员费，用户可以根据省钱的额度等比例支付会员费；只有消费所节省的金额超过会员费时，用户才需要支付全额的会员费。

这种方式更加直接，用户能直观地判断出这种后置付费的方式对自身没有任何损失，是属于先享受权益再支付费用的方式。因为能很好地打消用户的顾虑，其转化率比免费试用的模式更好。如图 11-4 所示为网易考拉的先享受后付费的会员模式。

图 11-4　网易考拉的先享受后付费的会员模式

从上述例子中可以看出，当我们需要引导用户按照设定的行为去操作时，要基于用户使用场景和用户操作场景去分析和设计，列举出用户在场景中可能会遇到的问题，然后针对性地想办法去解决，让用户在操作的时候更顺畅，没有心理负担。

11.2　优惠券发放逻辑设计

优惠券基本已成为电商产品的标配，各个产品为了吸引用户下单消费，都会通过各种促销活动给用户发放大量的优惠券，有很多人靠"薅羊毛"发财致富，也有很多产品靠优惠补贴快速起家。这说明优惠券的逻辑设计一不小心可能会导致平台亏损，也有可能能让平台获益，这就要求在发放优惠券时要非常严谨才行。

优惠券的发放系统都是后台管理系统，属于平台内部操作或商家自身的后台操作。一般我们看到的优惠券只有两种，满减券和无门槛抵用券，但在发放的时候，根据不同的使用场景会有不一样的发放逻辑，这就要求优惠券发放系统要设计得足够灵活，可以满足各种各样的发放需求。

我们用场景列举的方式把所有可能用到的场景都列举出来，就能知道优惠券发放的时候需要考虑哪些因素，尽量做到高度灵活和可扩展。

先从优惠券的基本属性着手，基本属性组合产生一张优惠券，但优惠券需要在用户领取之后才能使用，因此优惠券还有很多领取的规则。

（1）发放数量

正常情况下，优惠券都是不限量发放的，越多的用户领取越好，即便转化率很低，但基数大了之后，最终优惠券被使用的数量也就变多了。但也要考虑限量发放的可能性，有时候要营造稀缺性，限量发放能更好地吸引用户去领取和使用。

（2）使用有效期

理论上发放优惠券的目的都是促使用户下单。下单是平台希望看到的用户行为，因此不管用户使用优惠券在什么时候下单都是可以的，对于平台来说都是有好处的。但考虑到商品售卖周期和优惠券的方便管理，都会设置有效期。可以分为三种方式。

- **指定时间区间**。这种方式更适合促销活动，一般活动都是有时间区间的，过了区间再使用优惠券，产生的销售额就不能算到活动的效果当中。
- **设定用户领取后多少天内有效**。这种方式更适合平时的运营，可以让用户在领取后多少天内使用，也适用于预售的场景。
- **指定时间**。比如只有节假日可以使用，或者只有某一天、某几天可以使用。

（3）券面金额

常见的优惠券主要是固定券面金额的，但也有随机券面金额的，即在指定的数字范围内随机产生不同券面金额的优惠券。

（4）使用门槛

优惠券分满减券和无门槛券就是由这个属性决定的，比如满100减10，100就是门槛，10就是券面金额。

（5）优惠券类型

优惠券一般分为平台券和店铺券，它们作用范围和操作对象不一样。店铺券一般由商家自己发放，而平台券则由平台运营人员来发放。

（6）领取方式

优惠券的领取方式有主动领取和被动领取。有些券系统会自动发放到指定用户的账户中，也有些需要用户手动领取，一般来说手动领取的优惠券价值更高。

（7）限领数量

发放数量可以区分有限制和无限制，限领数量也可以区分有限制和无限制。

（8）领取对象

谁可以领对应的优惠券，可以根据运营的需要去设置，一般有如下几种维度。

- 区分新用户和老用户。为了鼓励新用户下首单，平台一般都会针对新用户专门设置策略。
- 区分未下单用户和已下单用户。逻辑与上面类似，鼓励未下单用户去下首单。从下单转化率的角度看，积累下来的未下单用户肯定比已下单用户多，如何唤醒这些好不容易获得的注册用户，是运营上需要重点考虑的。
- 指定用户群体定向发放。可以根据数据分析的结果或营销活动的策略筛选出一部分精准用户进行定向投放，用以配合运营活动。

（9）适用商品范围

平台商品按类目属性可以区分很多筛选维度。

- 从商家的角度，可以区分全部商家和指定商家进行投放。
- 从商品分类的角度，可以区分全部品类和指定品类，并设定品类覆盖到几级，一级分类和二级分类的覆盖范围不一样。
- 从商品属性的角度，可以抽取一些共性比较强的属性，比如服装里面的风格、流行元素、季节等。
- 从商品的角度，可以区分全部商品和自定义组织商品。

（10）投放渠道

如果电商产品有多个形态，如安卓 App、iOS App、小程序、H5 商城、Web 网站等，则可以根据运营需要按不同渠道进行投放。

（11）营销活动互斥

电商平台的营销工具比较多，优惠券只是其中一种，如果多种营销工具叠加使用，那么平台让利出去的份额也会叠加。为了避免过多的让利导致亏损，一般需要设置优惠券是否与其他营销活动互斥，如拼团、抢购、限时优惠等。

（12）成本结算对象

商家发放的优惠券肯定由商家自己承担营销成本，平台发放的优惠券可以区分营销成本是由平台自己承担还是由商家承担，这取决于运营活动的性质。

（13）是否公开展示

一般情况下都是公开展示的，但会有一些比较特殊的优惠券，比如客服为了安抚用户情绪而定向发放的优惠券，只能由对应的用户领取，其他用户是不能看到这种优惠券的。

以上列举了一些优惠券发放的维度。图 11-5 所示为云衣库电商平台手动领取优惠券的发放表单界面，应用到了很多维度。这些维度都是根据运营人员使用场景需要来设置的，维度越多，优惠券的发放逻辑就越灵活，使用起来也就越复杂。这也是优惠券发放容易出错的原因，有时候发放逻辑设置上的疏忽会造成平台损失较多收益。因此在设计优惠券发放系统时，除了要考虑运营人员的使用场景，使之更灵活之外，还要考虑优惠券系统的风险控制，设置一些止损点，系统进行一些简单的校验，预防人为风险的发生。

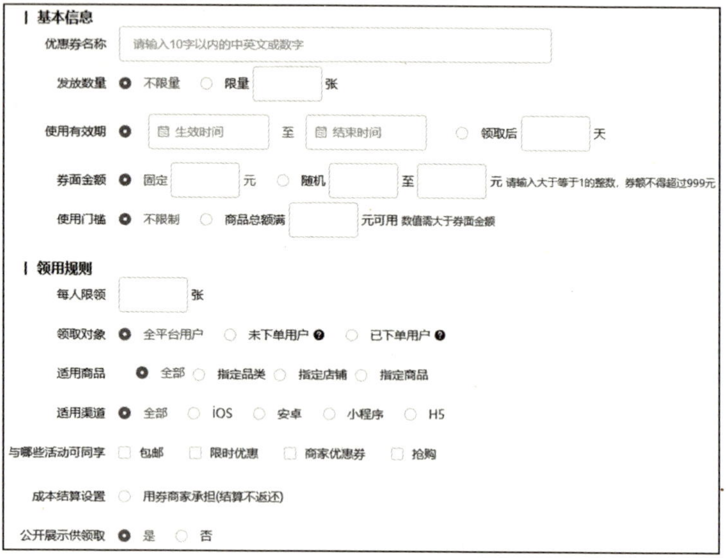

图 11-5　云衣库电商平台手动领取优惠券的发放表单界面

11.3　购物车推荐最优省钱方案设计

　　各大电商平台的优惠促销逻辑往往让人眼花缭乱，近几年的几次"双 11"活动，各种优惠券和抵扣、折扣的方式已经让用户大呼算不清楚。优惠券在发放、领取、使用的过程中存在较多的状态，用户在使用时学习成本较高，对此，可以通过购物车的优化提供自动计算最优方案的功能，降低用户对优惠券使用的认知成本，提高使用体验。

　　从平台的角度看，既然优惠促销方案公布出去了，用户享受相应的让利是能接受的。从用户的角度来说，如果促销方案太过复杂，并不能真正享受到优惠，很多促销方式的叠加反而会让用户计算不清楚。因此从贴心设计的角度，系统可以根据用户的使用情况，自动为其计算出最优方案，减少用户的思考。

以电商平台常见的店铺优惠券和平台优惠券的领取与使用为例。在购物车展示的优惠券，如果用户还没有领取过，在一定条件下会提示用户去领取。店铺优惠券和平台优惠券在领取时也会有一些逻辑上的差异。如图11-6所示为常见的电商产品购物车优惠券展示样式。

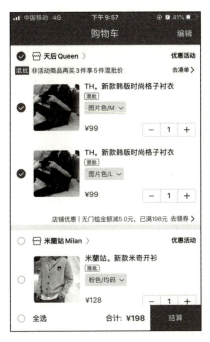

图11-6　常见的电商产品购物车优惠券展示样式

11.3.1　店铺优惠券的领取逻辑

店铺优惠券由商家自己发放，分为无门槛券和满减券，不同券种在已领取和未领取时的推荐逻辑不太一样。

1. 只有无门槛券时的领取逻辑

当用户尚未领取优惠券时,提示文案为"无门槛减××,已满××元,去领券",此时点击"去领券"会打开店铺优惠券列表的界面,展示该店铺可供用户领取的优惠券列表。

无门槛券之间比较领取和使用的条件时,比较面额和所选商品金额总和的大小,看商品金额总和落在哪个区间,以优惠券面额为节点,比较前后的大小。

举个例子,商家发放了3张无门槛券,分别是无门槛减10、无门槛减20、无门槛减30。假设用户所选店铺商品都满足这3张无门槛券的使用条件,此时可分以下情况。

A)当用户所有券都未领取时,计算满足优惠券使用条件的商品金额总和,根据商品金额总和的大小来判断此时应该提示用户去领取的优惠券。只有一张券时,不管商品金额总和大小,都提示去领券,此时只有一个面额节点、两个区间;有两张券时,有两个面额节点、三个区间;有三张券时,有三个面额节点、四个区间,如表11-1所示。

表 11-1 用户没有领取店铺无门槛券的情况

商品金额总和	无门槛减 10	无门槛减 20	无门槛减 30
小于 10	提示去领券		
大于等于 10,小于 20		提示去领券	
大于等于 20,小于 30			提示去领券
大于等于 30			提示去领券

B)当用户领取过部分优惠券时,假设领取的是无门槛减20,计算满足优惠券使用条件的商品金额总和,根据商品金额总和的

大小来判断此时应该提示用户领取或使用的优惠券,如表 11-2 所示。

表 11-2 用户部分领取店铺无门槛券的情况

商品金额总和	无门槛减 10	无门槛减 20	无门槛减 30
小于 10	提示去领券		
大于等于 10,小于 20		提示去凑单	
大于等于 20,小于 30			提示去领券
大于等于 30			提示去领券

C)用户所有优惠券都领取过时,计算满足优惠券使用条件的商品金额总和,根据商品金额总和的大小来判断此时应该提示用户去凑单的优惠券。只有一张券且已领取时,因无门槛券的使用条件为券的面额必须大于订单实付金额,因此这里有一个逻辑区别。假设为无门槛减 20:

若是所选商品都满足使用条件,且商品金额总和小于等于 20 时,此时该券还用不了,要提示用户去凑单;

若是所选商品都满足使用条件,且商品金额总和大于 20 时,此时该券可以使用,不再提示用户去凑单;

若是所选商品只有部分满足使用条件,且满足条件的商品金额总和小于 20 时,此时该券还用不了,要提示用户去凑单;

若是所选商品只有部分满足使用条件,且满足条件的商品金额总和等于 20,且全部所选商品金额总和大于 20 时,此时该券可以使用,不再提示用户去凑单;

若是所选商品只有部分满足使用条件,且满足条件的商品金额总和大于 20,此时该券可以使用,不再提示用户去凑单。

提示凑单情况如表 11-3 所示。

表 11-3　用户领取过所有店铺无门槛券的情况

商品金额总和	无门槛减 10	无门槛减 20	无门槛减 30
小于等于 10	提示去凑单		
大于 10，小于等于 20		提示去凑单	
大于 20，小于等于 30			提示去凑单
大于 30			不提示去凑单，可使用

以无门槛券的种类数量决定面额节点的数量，门槛区间 +1，根据满足使用条件的商品金额总和，在各个区间内向上取最接近的优惠券作为提示用户领取或使用的优惠券，最后一个区间向下取最接近的优惠券。无门槛券的使用条件为：券的面额必须大于商品总的实付金额。

未领取的情况下，商品金额总和要小于面额时才提示去领取，已领取的情况下，商品金额总和要小于等于面额时提示去凑单。

2. 只有满减券时的领取逻辑

当用户尚未领取优惠券时，提示文案为"满×××减××，已满××元，去领券"，此时点击"去领券"会打开店铺优惠券列表的界面，展示该店铺可供用户领取的优惠券列表。

满减券之间比较领取和使用条件时，优先比较优惠券门槛与商品金额总和的大小，门槛与商品金额总和较接近的优惠券优先；门槛一样时，再比较优惠券面额除以门槛的值的大小，值较大的优先。

举个例子，商家发放了 4 张满减券，分别是满 100 减 10、满 200 减 20、满 300 减 50、满 300 减 60。假设用户所选店铺商品都满足这 4 张满减券的使用条件，此时分以下情况。

A）当用户所有券都未领取时，计算满足优惠券使用条件的商品金额总和，优先根据商品金额总和的大小坐落在哪个门槛区间来判断此时应该提示用户去领取的优惠券。只有一张券时，不管商品金额总和大小，都提示去领取这张券。

有两张券时，门槛不一样，先比商品金额总和坐落在哪个区间，有两个门槛节点、三个区间；门槛一样时比面额大小，面额大的优先领取或使用。以此类推，如表11-4所示为四个区间的领用逻辑。

表 11-4 用户没有领取店铺满减券的情况

商品金额总和	满100减10	满200减20	满300减50	满300减60
小于等于100	提示去领券			
大于100，小于等于200		提示去领券		
大于200，小于等于300				提示去领券
大于300				提示去领券

B）当用户领取过部分优惠券时，假设领取的是满200减20券，计算满足优惠券使用条件的商品金额总和，根据商品金额总和的大小坐落的门槛区间来判断此时应该提示用户领取或使用的优惠券，如表11-5所示。

表 11-5 用户部分领取店铺满减券的情况

商品金额总和	满100减10	满200减20	满300减50	满300减60
小于等于100	提示去领券			
大于100，小于200		提示去凑单		
大于等于200，小于等于300				提示去领券
大于300				提示去领券

C）当所有优惠券用户都领取过时，计算满足优惠券使用条件的商品金额总和，根据商品金额总和的大小坐落的门槛区间来判断

此时应该提示用户去凑单的优惠券。只有一张券且已领取时,假设为满 200 减 20:

若是所选商品都满足使用条件,且商品金额总和小于 200 时,此时该券还用不了,要提示用户去凑单;

若是所选商品都满足使用条件,且商品金额总和大于等于 200 时,此时该券可以使用,不再提示用户去凑单。

提示凑单情况如表 11-6 所示。

表 11-6 用户全部领取店铺满减券的情况

商品金额总和	满 100 减 10	满 200 减 20	满 300 减 50	满 300 减 60
小于 100	提示去凑单			
大于等于 100,小于 200		提示去凑单		
大于等于 200,小于 300				提示去凑单
大于等于 300				不提示去凑单,可使用

以满减券的种类数量决定门槛节点的数量,门槛一样的只算一个节点,根据满足使用条件的商品金额总和,在各个区间内向上取最接近的优惠券,还没领取的提示用户领取,已领取的提示用户去使用,最后一个区间向下取最接近的优惠券。所取优惠券门槛一样的情况下,再比较面额大小,优先取面额大的。

未领取的情况下,商品金额总和要小于等于门槛时提示去领取,已领取的情况下,商品金额总和要小于门槛时提示去凑单。

3. 无门槛券和满减券都有时的领取逻辑

无门槛券和满减券之间比较领取和使用的条件时,用面额大小来比较,无门槛券的面额大于等于满减券的面额时,优先使用无门槛券。无门槛券的面额小于满减券的面额时,根据商品金额总和的大小坐落在哪个门槛区间来判断。

举个例子，商家发放了5张券，分别是无门槛减10、满100减10、无门槛减20、满200减20、满300减30。假设用户所选店铺商品都满足这5张满减券的使用条件，此时分以下情况。

A）当用户所有券都未领取时，计算满足优惠券使用条件的商品金额总和，根据面额大小和商品金额总和的大小坐落在哪个门槛区间来判断此时应该提示用户去领取的优惠券，如表11-7所示。

只有一张券时，不管商品金额总和大小，都提示用户领取这张券。

表11-7 用户没有领取店铺优惠券的情况

商品金额总和	无门槛减10	满100减10	无门槛减20	满200减20	满300减30
小于10	提示去领券				
大于等于10，小于20			提示去领券		
大于等于20，小于等于100			提示去领券		
大于100，小于等于200			提示去领券		
大于200，小于300			提示去领券		
大于等于300					提示去领券

B）当用户领取过部分优惠券时，假设领取的是满200减20券，计算满足优惠券使用条件的商品金额总和，根据面额大小和商品金额总和的大小坐落的门槛区间来判断此时应该提示用户领取或使用的优惠券，如表11-8所示。

表 11-8 用户部分领取店铺满减优惠券的情况

商品金额总和	无门槛减 10	满 100 减 10	无门槛减 20	满 200 减 20	满 300 减 30
小于 10	提示去领券				
大于等于 10,小于 20			提示去领券		
大于等于 20,小于等于 100			提示去领券		
大于 100,小于等于 200			提示去领券		
大于 200,小于 300			提示去领券		
大于等于 300					提示去领券

C）当用户领取过部分优惠券时，假设领取的是无门槛减 20 券，计算满足优惠券使用条件的商品金额总和，根据面额大小和商品金额总和的大小坐落的门槛区间来判断此时应该提示用户领取或使用的优惠券，如表 11-9 所示。

表 11-9 用户部分领取店铺无门槛优惠券的情况

商品金额总和	无门槛减 10	满 100 减 10	无门槛减 20	满 200 减 20	满 300 减 30
小于 10	提示去领券				
大于等于 10，小于 20			提示去凑单		
大于等于 20,小于等于 100			不提示去凑单，可使用		
大于 100,小于等于 200			不提示去凑单，可使用		
大于 200,小于 300			不提示去凑单，可使用		
大于等于 300					提示去领券

D)当所有优惠券用户都领取过时,计算满足优惠券使用条件的商品金额总和,根据面额大小和商品金额总和的大小坐落的门槛区间来判断此时应该提示用户去凑单的优惠券,如表 11-10 所示。

表 11-10 用户全部领取店铺所有优惠券的情况

商品金额总和	无门槛减 10	满 100 减 10	无门槛减 20	满 200 减 20	满 300 减 30
小于 10	提示去凑单				
大于等于 10,小于 20			提示去凑单		
大于等于 20,小于等于 100			不提示去凑单,可使用		
大于 100,小于等于 200			不提示去凑单,可使用		
大于 200,小于 300			不提示去凑单,可使用		
大于等于 300					不提示去凑单,可使用

无门槛券与满减券一起存在时,先比较面额大小,无门槛券的面额大于等于满减券的面额时,优先使用无门槛券。无门槛券的面额小于满减券的面额时,根据商品金额总和的大小坐落在哪个门槛区间来判断。商品金额总和小于门槛的,优先使用无门槛券;商品金额总和大于等于门槛的,优先使用满减券。

11.3.2 平台优惠券的领取逻辑

平台优惠券未领取的情况下,点击"去领券"是打开平台券的领券中心,这是与店铺优惠券不同的地方。另外,计算满足条件的商品金额时,平台优惠券可以跨店铺。平台优惠券的"已满××

元"金额计算需根据店铺优惠券减免后的金额来计算。其他逻辑与店铺优惠券相同。

11.3.3　优惠券混合使用时的最优方案推荐

店铺优惠券的优惠计算及提示信息方案同前所述，平台优惠券的提示信息需根据店铺优惠券优惠后的金额来显示，此时需计算已领取店铺优惠券的最优方案，计算优惠券的最大优惠幅度。图 11-7 所示为平台优惠券的展示位置，一般为购物车的底部。

平台优惠	满300减10元，已满100	去凑单>
系统推荐优惠券使用方案，还可节省××元		立即使用

图 11-7　购物车底部的平台优惠券使用展示

平台优惠券的"已满 ×× 元"计算公式如下：

平台优惠已满 ×× 元 = 各商品 SKU 的价格 × 商品数量的乘积之和 − 已领取店铺优惠券最优方案的优惠幅度

最优方案的优惠幅度计算逻辑如下。

A）**假设所涉及的优惠券全部都已领取且未过期**，未领取的优惠券不在计算范围内。推荐使用方案的显示位置在平台优惠券的提示信息下方。

可节省金额 = 推荐方案节省金额 − 原方案节省金额。若可节省金额小于等于 0，推荐使用方案不显示。点击"立即使用"后，各店铺 + 平台的优惠券选择自动更新为推荐方案当中的优惠券。这样就是系统帮助用户做了很多处理操作。

B）**单店铺店铺优惠券与平台优惠券同时使用时**，假设用户拥有店铺优惠券有无门槛减 5 元和满 400 减 40 两张，平台优惠券有满 400 减 40 的一张，用户总共购买了 420 元商品，为方便举例，假设所有购买的商品都满足优惠券的使用条件。

按上述领取和使用逻辑，当商品购买金额总和大于等于满减券的门槛时，优先使用满减券，因此店铺优惠券使用的是满 400 减 40 的券，优惠后商品金额总和为 420 元 - 40 元 =380 元，平台优惠券处于提示用户去凑单的场景下。此时，节省金额 40 元。

而实际上如果店铺使用无门槛减 5 元，优惠后商品金额总和为 420 元 - 5 元 =415 元，仍满足平台优惠券的使用条件，平台优惠后 415 元 - 40 元 =375 元，更优惠。此时，节省金额 5 元 + 40 元 = 45 元。

这时推荐使用方案就需要自动显示，提示"系统推荐优惠券使用方案，还可节省 5 元"，点击"立即使用"后，店铺优惠券从满 400 减 40 更新为无门槛减 5，平台优惠券满 400 减 40 也使用上了。

取满足店铺商品金额总和的所有优惠券的面额，用商品金额总和分别减去各个面额得出的结果，去匹配平台优惠券的使用门槛，得出所有满足使用条件的平台优惠券的面额，用店铺优惠券的所有面额和平台优惠券的所有面额两两相加，找出最大的。

C）**多店铺店铺优惠券与平台优惠券同时使用时**，假设用户拥有 A 店铺的店铺优惠券无门槛减 5 元和满 400 减 40 两张，B 店铺的店铺优惠券无门槛减 10 元和满 600 减 60 两张，平台优惠券有满 1000 减 100 的一张，用户总共在 A 店铺购买了 420 元商品，在 B 店铺购买了 640 元商品，为方便举例，假设所有购买的商品都满足优惠券的使用条件。

按上述领取和使用逻辑，当商品购买金额总和大于等于满减券的门槛时，优先使用满减券。因此 A 店铺优惠券使用的是满 400

减 40 的券，优惠后商品金额总和为 420 元 – 40 元 = 380 元；B 店铺优先使用的是满 600 减 60 的券，优惠后商品金额总和为 640 元 – 60 元 = 580 元，而 380 元 + 580 元 = 960 元，因此平台优惠券满 1000 减 100 处于提示用户去凑单的场景下。此时，节省金额 40 元 + 60 元 = 100 元。

而实际上如果 A 店铺使用无门槛减 5 元，优惠后商品金额总和为 420 元 – 5 元 =415 元；B 店铺使用无门槛减 10 元，优惠后商品金额总和为 640 元 – 10 元 = 630 元；415 元 + 630 元 = 1045 元，仍满足平台优惠券的使用条件。此时，节省金额 5 元 + 10 元 + 100 元 = 115 元。

这时推荐使用方案就需要显示，且提示"系统推荐优惠券使用方案，还可节省 15 元"。点击"立即使用"后，A 店铺优惠券从满 400 减 40 更新为无门槛减 5，B 店铺优惠券从满 600 减 60 更新为无门槛减 10，平台优惠券满 1000 减 100 也使用上了。

取满足店铺商品金额总和的各个店铺下的所有优惠券的面额，用商品金额总和分别减去各个面额得出的结果，排列组合去匹配平台优惠券的使用门槛，得出每一组满足使用条件的平台优惠券的面额，在每一组组合内用店铺优惠券的所有面额和平台优惠券的所有面额两两相加，找出每组里面的最大值，再把所有最大值放在一起比较，找出最终的最大值。

从上述的例子中可以看出，要给用户推荐最优的优惠券使用方案，首先得梳理清楚优惠券的领取逻辑，其次是使用逻辑，最后才是最优节省的计算逻辑。这个过程对于系统来讲是复杂了，但对于用户来讲是变简单了很多。最优方案的推荐解决了用户自身难以算清楚享受优惠的最佳方案的问题，从使用场景的角度看，系统变得更贴心，更有情感。

11.4 电商直播场景化设计

直播和电商的结合其实是解决线下导购、会销场景的问题，用户在购买商品的过程中，当自身无法通过产品介绍去了解产品的真实体验时，就需要导购的帮助，这是一个信息通透的过程，也是一个引导用户下单购买的过程。把线下业务场景搬到线上时，不能只是实现功能，还要基于用户在线上环境操作使用功能的场景，针对性地设计交互方案。

导购场景是一对一地讲解，而且需要双方的互动，导购在讲解的过程中需要观察消费者的心理变化、行为变化、言语变化，这可以理解为"察言观色"。线下的导购场景是面对面的，适合开展一些营销话术和手法，根据消费者的变化来选择进一步的行动。

到了线上直播，理想的情况也是一对一，但电商的客单价相对较低，采用一对一的形式会导致营销成本过高。所以只能采取一对多的模式，这种情况下就会变成单方面的讲解，而较难注意到消费者的心理变化。通过什么样的方式来弥补场景上的缺失呢？

一是提供给消费者和主播互动的途径，可以让消费者发留言告诉平台或主播他的诉求；

二是要求主播和客服人员要特别注意消费者的这种互动，如果无人搭理，就会让消费者感觉被冷落，在促进成交方面会受影响；

三是通过在直播间设计促销手段来刺激消费者快速下单，如发优惠券、发红包、设置限时抢购、设置抽奖等，都是鼓励消费者下单或者让他们长时间留在直播间里面，以此来提升主播讲解的导购效果。

会销场景可以理解为群体导购，单个讲解人员面向一群人讲解，目的是尽可能多地促成消费者转化下单。这种场景是需要氛围烘托的，经常营造出供不应求、场面火爆、抢着付钱的氛围，少数人的带头行为可以影响一部分人，多数人的购买行为就能影响更多人的心理变化。

到了线上直播也一样，氛围的营造很关键。不能面对面也要让人觉得直播间里面很热闹，而且这种热闹都是引导消费者下单的。所以我们需要在直播间里面增加一些烘托直播间氛围的互动方式，比如点赞、新用户进入直播间的消息、有人加购物车的消息、有人购买的消息等，目的是引导那些犹豫不决或者新进来观看直播的消费者，让他们觉得这场直播很火爆，卖的东西都是很好的，大家都是认可的。

当下的电商直播也有一些送虚拟礼物的尝试，这种方式其实是偏离导购场景的还原的，而是往"明星效应"、粉丝经济的方向上发展，这已经不属于电商的范畴了。

直播的功能实现并不难，难点在于如何把直播这个工具和业务场景相结合；工具本身并不能给产品带来助益，转化之后才可以。一定要注意思考以下几点：

- 所售卖商品的特性是否适合在线上做成交，如果适合，线下最常见的促进成交的那些手段能否转化到线上？
- 主播或讲解员是否容易将产品讲解清楚，通过直播画面的展示，有没有让用户更直观地观察到产品的卖点？
- 除了直播画面以外，哪些手段是可以应用到直播间并且对销售有助益的？（没有助益的互动越少越好，直播间的空间就那么大。）
- 如何缩短消费者的决策时间，促进或刺激他们下单购买？

如何在直播间里面烘托氛围，让直播间不冷清？

电商直播除了货品要好之外，直播当时的服务也得跟上，要及时响应用户的互动诉求。另外对主播或讲解员的个人能力是有要求的，不要看头部主播好像轻轻松松就单场过亿，那都是一场场直播总结下来的。这些因素和产品的功能设计关系不大，但值得产品经理去注意和分析，结合实际使用过程的情况，持续改进直播间的互动方式。

11.5 一种简易的短视频排序逻辑

对于短视频产品展示功能，用户更希望看到的是优质的视频。排除掉平台干预和竞价广告的因素，优质视频的定义最严谨的肯定是由使用对象来定义的。我们可以观察到抖音的短视频推荐规则，除了会根据用户的历史浏览喜好来推荐内容之外，高点赞量和评论量的视频会占大多数，偶尔出现个别点赞数少的视频是平台想让新发布的视频获得一定的曝光。

从用户使用的场景来说，看短视频时看到的内容质量越好，其停留时间就会越长。因此平台应该定义出一些维度来衡量或评定什么样的内容才是优质内容。我们可以根据行业内成熟产品的一些维度，如点赞数、评论数、播放完成率、重复播放次数、转发数、关注数、发布时间等来定义一套简易的筛选优质短视频的排序逻辑。

（1）点赞数

点赞数即用户观看完短视频后主动点赞的次数，这种行为是用户主动做出的，说明他对视频内容的认可程度比较高。这个维度的取值计算方式可参考如下：

平均真实点赞数 = 全平台视频真实点赞数的 Top 80% 之和 /Top 80% 的视频个数

这里取前 80% 的视频来算平均值是考虑大多数视频的情况，剩下的 20% 底部视频会随着时间的推移往下沉。下面的维度计算都是采用这种原则。

单个视频的真实点赞数 = 单个视频从第一次上架开始的所有真实点赞数

点赞数得分 = 单个视频的真实点赞数 / 平均真实点赞数 ×100，取整数结果

例如全平台有 10 000 个视频，平均真实点赞数是取排名前 8000 的平均值，假设为 100；A 视频的真实点赞数是 18 次，则 A 视频的点赞数得分是 18/100×100 分 =18 分。

（2）播放完成率

播放完成率即用户单次播放视频的时长占该视频总时长的比例，它用来衡量视频内容对用户的吸引力。理论上用户对内容越感兴趣，观看时长就会越长。这个维度的取值计算方式可参考如下：

单个视频单次播放完成率 = 单次播放时长 / 该视频总时长

单个视频播放完成率 = 该视频历次播放完成率之和 / 该视频播放总次数

平均播放完成率 = 全平台各视频播放完成率 Top 80% 之和 /Top 80% 的视频个数

播放完成率得分 = 单个视频播放完成率 / 平均播放完成率 ×100

例如：A 视频时长 20 秒，单次播放了 5 秒，则单次完成率为 5/20=25%。假设 A 视频播放完成率为 50%，平均播放完成率为 80%，则 A 视频的播放完成率得分为 50%/80%×100 = 62.5，取整数结果为 63 分。

（3）重复播放次数

重复播放次数即用户反复观看的次数，衡量效果类似于第二个维度。内容越有吸引力，用户对内容越感兴趣，反复观看的次数就越多。这个维度的取值计算方式可参考如下：

单个视频重复播放次数 = 单个用户观看该视频的播放完成率达到 90%[一] 以上的次数

单个视频平均重复播放次数 = 各用户观看该视频的重复播放次数 / 观看过该视频的用户总数

平均重复播放次数 = 全平台各视频的平均重复播放次数 Top 80% 之和 / Top 80% 的视频个数

重复播放次数得分 = 单个视频平均重复播放次数 / 平均重复播放次数 ×100

例如：A 视频的平均重复播放次数为 1.5 次，平均重复播放次数为 2 次，则 A 视频的重复播放次数得分为 1.5/2×100 分 =75 分。

（4）转发数

转发数即用户看完视频内容后觉得好，主动分享给别人的次数。这也是一个用户主动操作的行为，说明对视频内容的认可程度比较高。这个维度的取值计算方式可参考如下：

平均真实转发数 = 全平台视频真实转发数 Top 80% 之和 /Top 80% 的视频个数

单个视频的真实转发数 = 单个视频从第一次上架以来的所有真实转发数

转发数得分 = 单个视频的真实转发数 / 平均真实转发数 ×100，取整数结果

[一] 理论上播放完成率达到 90%，就可以认定用户看完了。不同行业属性的视频内容不一样，可以分开来考虑。

例如：全平台有 10 000 个视频，平均真实转发数是取排名前 8000 的平均值，假设为 100，A 视频的真实转发数是 18，则 A 视频的转发数得分是 18/100×100 分 =18 分。

（5）关注数

关注数即关注短视频发布者的用户数，关注在一定程度上表明用户对内容生产者的认可。这个维度的取值计算方式可参考如下：

平均真实关注数 = 全平台主播真实关注数之和 / 主播总个数

关注数得分 = 单个主播的真实关注数 / 平均真实关注数 ×100，取整数结果

例如：全平台有 1000 个主播，平均真实关注数是 100，A 主播的真实关注数是 18，则 A 主播的关注数得分是 18/100×100 分 =18 分。

（6）发布时间

以视频第一次上架日期为起始，后续上新天数持续累加，不考虑中途上下架的操作。主要需要考虑新发布的视频要给予一些展示机会。这个维度的取值计算方式可参考如下：

起始上新得分为 100 分，每增加一天 −2 分，直到变成 −100 分为止。

例如：A 视频第一天上架时上新得分为 100 分，到第二天下降为 98 分。

（7）最后结果

所有系数可以动态调整，以期达到较为适宜的排序逻辑。

每个视频得分 = 点赞数得分 ×0.2+ 播放完成率得分 ×0.2+ 重复播放次数 ×0.1+ 转发数得分 ×0.4+ 关注数得分 ×0.1+ 上新得分 ×1

所有视频的排序得分出来后，每次用户开始浏览的时候，都随机取 Top 20% 的短视频进行随机推荐，全部观看完之后再接着往

下取。

用这样的方式去调整视频排序，目的是把优质的内容呈现给用户。最后结果的得分计算公式可根据需要调整各个维度得分的计算系数，也不一定要用这样的公式，可以根据业务需要进行调整。

11.6　不同角色间的结算逻辑设计

在电商产品中，最常见也是比较对立的两个角色是商家和买家。因为不同角色考虑问题的出发点不一样，所以很多设计需要针对角色考虑，以便让两种角色在使用的时候都满意。电商结算逻辑中，通常包含两部分成本：一是平台的补贴，这部分费用由平台承担；二是商家的让利，这部分费用由商家承担。

这两部分成本对于买家来说都是优惠，在购买商品的时候都是可以抵扣的。但对于商家来说，平台的补贴不是优惠，这部分钱相当于是平台替买家买单的，因此在结算商品货款的时候是要由平台替买家付给自己的。此时，在设计订单和退换单展示页面时，就需要考虑两种角色的不同使用场景和不同的诉求，单独做相应的控制，以使两边各自看到的消费明细和结算明细都是对的。

以优惠券为例，商家优惠券都是商家自己发放的，成本由商家自己承担，对于商家来说自己是清楚的，对于买家来说只需考虑是否满足使用条件，而不用管费用由谁承担。

平台优惠券都是由平台发放的，但可能分为两种：一种是成本由平台承担的，适用于平台组织发起的活动；另一种是成本由商家承担的，适用于平台替商家联合举办的活动。

举例说明，平台优惠券、商家优惠券、折扣、红包抵扣等优惠方式一起使用时，对于订单详情页的各项金额计算的结果呈现方式，区分买家和卖家两个角色之后的信息展示设计如下。

11.6.1　买家端的订单详情页和退换单详情页展示

假设买家购买了两个 SKU 各两件商品，销售价都为 98 元，折扣价为 78 元，平台优惠券（平台承担成本）使用了无门槛减 2 元，店铺优惠券使用了无门槛减 10 元，红包使用了 4 元。图 11-8 所示为各种优惠方式在买家端订单详情页的展现方式。后续也产生了一笔单件商品的退货退款，为方便展示和举例，下面都用这个例子。

图 11-8　各种优惠方式在买家端订单详情页的展示

订单详情页的商品列表中，商品价格显示最终买家下单时的价格，即不是销售价就是折扣价，此例按折扣价显示。下方显示订单的结算信息。**运费**根据所购买的商品情况和运费模板中设定的规则计算。**商品总价**按商品的销售价求和计算。

运费减免包含两种情况：
- 商家手动将运费改小，显示减少的差价；
- 商家设置商品包邮，显示减免的所有运费。

若是此订单不包含上述运费减免的情况，就不需要显示运费减免的相关信息。

商品减免包含两种情况：
- 商品满足折扣的条件，计算销售价和折扣价之间的差价，显示各个商品差价与数量乘积的加总；
- 商家手动将商品金额改小，显示减少的差价。

若是订单不涉及商品减免，就不需要显示商品减免的相关信息。

第二种情况的商品减免还需要根据订单中的商品下单金额按比例分摊，分摊的场景不是本例需要阐述的，不做过多说明。

平台优惠为使用平台优惠券后显示的抵扣部分，买家端不管平台优惠券是商家承担还是平台承担都显示实际的抵扣额。在平台优惠券有多笔订单分摊的情况下，还需要根据订单中满足平台优惠条件的商品实际售价总额的比例进行分摊。若是订单不涉及平台优惠，就不需要显示平台优惠的相关信息。

店铺优惠为使用店铺优惠券后显示的抵扣部分，根据买家选择使用的店铺优惠券类型，满足使用条件的情况下显示对应优惠券的面额。若是订单不涉及店铺优惠，就不需要显示店铺优惠的相关信息。

订单总额 =（商品总价 + 运费）－（商品减免 + 运费减免）－平台优惠 － 店铺优惠

红包一般作为现金抵扣的支付方式，因此是要计算在订单总额里面的。**红包抵扣**为买家使用红包余额后显示的抵扣部分，在有多笔订单分摊的情况下，要根据订单总额的比例进行分摊。若是订单不涉及红包抵扣，就不需要显示红包抵扣的相关信息。

基于上述说明，**实付款** = 订单总额 – 红包抵扣。

可以看出，对于买家端来说，所有的优惠方式都是减免的，买家只关心两点：一是相应的优惠有没有享受到；二是自身最终需要支付多少钱。因此在最直接能看到的订单列表页，就需要直观地告诉买家究竟是以什么价格购买的商品，自己最终支付了多少钱，这样可以降低买家的认知成本，特别是在优惠方式比较多的情况下。图 11-9 所示为订单列表页的信息显示。

图 11-9　订单列表页的直观显示对于买家来说可以降低认知成本

商品价格 = 商品销售价 – 商品减免 – 平台优惠分摊 – 店铺优惠分摊 – 红包抵扣分摊，其中平台优惠分摊和店铺优惠分摊不是一定有的，符合优惠券使用条件的商品才有分摊。合计则显示为订单的实付款。

上述例子中，假设所有商品都符合平台优惠和店铺优惠的条件，商品销售价为 98 元，享受的折扣价为 78 元，因此商品减免为 20 元。平台优惠 2，分摊到 4 个等价的商品，每件商品 0.5 元；店铺优惠 10 元，分摊到 4 个等价的商品，每件商品 2.5 元；红包抵扣 4 元，分摊到 4 个等价的商品，每件商品 1 元。所以，商品价格为（98-20-0.5-2.5-1）元 = 74 元。

对应的是，在相应订单里的商品需要退货退款时，抵扣掉的优惠也是要扣除的，退还给买家的是他实际支付的钱。图 11-10 所示为买家端退换单详情页上的信息显示。

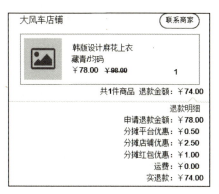

图 11-10　买家端退换单详情页的信息展示

申请退款金额默认为买家下单时的商品价格 × 买家所选的商品数量。例子中为 1 件商品，下单时享受了折扣价，所以为 78 元。

分摊平台优惠根据商品上的实际分摊数来显示，例子中 4 件商品价格相等，一起分摊 2 元平台优惠券，因此退 1 件商品时，显示为 0.5 元。

分摊店铺优惠也根据商品上的实际分摊数来显示，例子中 4 件商品价格相等，一起分摊 10 元商家优惠券，因此退 1 件商品时，显示为 2.5 元。

分摊红包优惠也根据商品上的实际分摊数来显示，例子中 4 件商品价格相等，一起分摊 4 元红包，因此退 1 件商品时，显示为 1 元。

运费一般不分摊，只有退最后一件商品或者整笔订单全退的时候才算上运费。

实退款 = 申请退款金额 − 分摊平台优惠 − 分摊店铺优惠 −
　　　　分摊红包优惠

与订单的使用场景一样，退换单据列表展示信息的时候，也需要直观地告诉买家能退多少钱，明细是用来了解计算过程的。

11.6.2　商家端的订单详情页和退换单详情页展示

订单详情页的商品列表中，商品价格显示最终买家下单时的价格，即不是销售价就是折扣价，此例按折扣价显示。下方显示订单的结算信息。**运费**根据所购买的商品情况和运费模板中设定的规则计算。**商品总价**按商品的销售价求和计算。图 11-11 所示为商家端订单详情页的信息展示。

图 11-11　各种优惠方式在商家端订单详情页的展示

运费减免包含两种情况：

- 商家手动将运费改小，显示减少的差价；
- 商家设置商品包邮时，显示减免的所有运费。

若是订单不包含上述运费减免的情况，就不需要显示运费减免的相关信息。

商品减免包含两种情况：
- 商品满足折扣的条件，计算销售价和折扣价之间的差价，显示各个商品差价与数量乘积的加总；
- 商家手动将商品金额改小，显示减少的差价。

若是订单不涉及商品减免，就不需要显示商品减免的相关信息。

以上这些和买家端的控制是一样的，因为这些信息在两个角色之间没有差异。你会发现下面部分商家端比买家端少了一些信息。

平台优惠为平台优惠券使用后显示的抵扣部分，例子中使用的是平台承担成本的平台优惠券，对于商家来说这部分费用平台需要替买家支付，因此这部分费用是需要结算的，不会被抵扣掉。

店铺优惠为店铺优惠券使用后显示的抵扣部分，根据买家选择使用的店铺优惠券类型，满足使用条件的情况下，显示对应优惠券的面额。

订单总额=（商品总价＋运费）－（商品减免＋运费减免）－店铺优惠

红包的成本也是由平台承担的，对于商家来说这部分费用平台也需要替买家支付，因此这部分费用也是需要结算的，不会被抵扣掉。

基于上述说明，**实付款**＝订单总额。

可以看出，对于商家端来说，不同优惠方式的处理方式是不一样的，有的会被减免掉，有的则需要平台结算。商家只关心两点：一是相应的优惠一共抵扣了多少钱；二是商品最终以什么价格卖出去，这笔订单最后能赚多少钱。因此在最直接能看到的订单列表页,就需要直观地告诉商家究竟是以什么价格售卖的商品,自己最终收到了多少钱。这样可以降低商家的认知成本,特别是在优惠方式比较多的情况下。图 11-12 所示为商家端订单列表页的信息展示。

图 11-12　订单列表页的直观显示可以降低商家的认知成本

商品价格 = 商品销售价 - 商品减免 - 店铺优惠分摊,合计则显示为订单的实付款。

上述例子中,假设所有商品都符合平台优惠和店铺优惠的条件,商品销售价为 98 元,享受的折扣价为 78 元,因此商品减免为 20 元。没有平台优惠的分摊;店铺优惠 10 元,分摊到 4 个等价的商品,每件商品 2.5 元;没有红包抵扣的分摊。所以,商品价格为 (98-20-2.5) 元 = 75.5 元。

对应的是,在相应订单里的商品需要退货退款时,商家端的展示和买家端也不一样,不会显示平台优惠和红包抵扣的分摊。图 11-13 所示为商家端退换单详情页上的信息展示。

申请退款金额默认为买家下单时的商品价格与买家所选商品数量乘积的加总。例子中为 1 件商品,下单时享受了折扣价,所以为 78 元。

图 11-13 商家端退换单详情页的信息展示

没有分摊平台优惠。

分摊店铺优惠根据商品上的实际分摊数来显示，例子中 4 件商品价格相等，一起分摊 10 元商家优惠券，因此退 1 件商品时，显示为 2.5 元。

没有分摊红包优惠。

$$实退款 = 申请退款金额 - 分摊店铺优惠$$

与订单的使用场景一样，退换单据列表展示信息的时候，也需要直观地告诉商家需要退多少钱，明细是用来了解计算过程的。

从上述例子中可以看出，不同角色因为使用场景和诉求不一样，所需要看到的信息也是不一样的，此时产品就需要根据不同角色的要求去展示，以降低用户的认知成本，提高信息的可识别程度。

11.7 本章小结

当我们需要引导用户按照设定的行为去操作时，要基于用户使用场景和用户操作场景去分析和设计，通过场景列举的方式列举出用户在场景中可能会遇到的问题,然后针对性地想办法解决,让用户操作更顺畅。从以贴心为目的场景化设计角度出发,最优方案的推荐解决了用户自身难以算清楚享受优惠的最佳方案的问题,从使用场景的角度看,系统变得更贴心。

把线下业务场景搬到线上时,不能只是实现功能,而是要基于用户在线上环境操作使用功能的场景,针对性地设计交互方案。不同角色的用户因为使用场景和诉求是不一样的,所需要看到的信息也是不一样的,此时产品就需要根据不同角色的要求去展示,降低用户的认知成本,提高信息的可识别程度。

第 12 章 CHAPTER

业务分析：支撑商业模式的业务场景拆解

前文介绍过，业务场景是根本，没有业务场景，用户场景也就无从谈起。不管是线下还是线上，都需要把业务场景梳理清楚，才能知道产品有没有发展空间。所有互联网产品的背后都有业务场景支撑。比如，电商产品有交易的业务场景支撑，想要在产品模式上创新，最终都离不开交易的本质，即双方自愿完成商品或服务的交换。

本章以电商直播产品的业务模式解析为例，阐述业务场景分析的逻辑和过程，以及如何基于业务场景发展出产品的业务模式，从而满足不同的用户场景。

电商直播产品的业务模式解析

电商直播是一种使用视频来展示和介绍商品的方式。从信息传递的有效性来看，视频、音频、图片、文字依次递减，因此，在电商发展到现在这个阶段，相比文描内容和用户评价，视频在促进用户购买方面更为有效。

用直播的形式来做娱乐已经被证明是非常有效的手段，各大直播平台的兴起带动了泛娱乐行业的发展，直播的吸金能力非常可观。由于直播能有效带动业务发展，营销元素被逐渐加入直播当中，越来越多的品牌开始在直播平台上做营销，效果很不错，还顺便带动了网红经济。

大家看到直播带来的流量十分可观，直播营销能带来不错的转化率后，便开始追求更强的变现能力，自然而然地开始寻求通过直播卖东西。其实这种模式早已有之，电视购物就是电商直播的前身，只不过由于各种因素的制约，电视购物没能发展起来。

移动互联网不同于传统电视，它不受时间和空间的制约，传播效果更好，对碎片化时间的利用率更高。电视购物是通过电话购买的，用户需要更换介质；而直播＋电商则是可以直接转化的，可以把直播当成一种交易方式。

直播能否解决常规电商模式下的用户痛点

我们来看一下当下常规电商模式下的用户痛点。

1）相较于线下购物，电商的最大缺陷是，用户总觉得通过互联网得到的信息不足以支撑购买决策。亲临现场购买商品，特别是大件商品，用户的感受是非常不一样的，比如买电器、买家具时，现场的讲解很关键。其实无论是对于什么商品，用户都需要全面了解商品才能做出消费决策。

2）电商让用户足不出户就可以买到许多东西，但却少了跟亲朋好友聚会逛街的机会。购物是一种社交行为和生活方式，在购物之后往往会聚餐、看电影等。从某种程度上说，电商的发展对社会经济是不太有利的，所以有些国家才不鼓励发展电商。

3）电商文描内容很多是美化过的，与实物相差较大，往往会增大用户购买前后的心理落差。其他用户评价的可信度也一直是个问题，甚至催生了买家秀。

这几年电商产品一直在努力攻克这些痛点。衣服不能试穿？有在线3D试衣间。商品缺乏讲解？有导购平台的达人可以部分解决这个问题。买商品不知道尺寸是否合适？有上门量尺寸定做的服务。

有越来越多的解决方案被用来解决用户购物体验的问题，但到目前为止还都不够完善。那么，直播+电商的模式能否解决这些问题呢？可以从三方面来分析。

1）视频对信息传递的有效性比图片+文字更好，这一点是大家一致认可的。通过视频能更全面地了解产品或服务，直播则确保用户看到的视频是未经"修图"的，它是真实的信息承载方式。

2）通过主播们的讲解示范、回答问题等互动形式，直播解决了导购的讲解问题，让用户更易做出购买决策。直播可实现类似商场导购员的场景。

3）一起看直播的人可以相互交流，相互影响，所以直播电商有一些社交属性。让用户看到同一个直播间里的人都在买，也利于用户做出购买决策。

对用户而言，通过直播来了解商品的时间成本可能会更高，但直播能够让用户更有效地做决策，实际上效率是变高了。

对用户来说，直播主要解决了信息不对称的问题。

1）解决商品信息不对称的问题。前面说过，导致用户购买决策困难的重要因素之一是商品信息不完善，无法直观了解到产品的好处、实际效果等，而直播能传递更多的有价值信息，能够较好地解决信息不对称的问题，帮助用户做决策。

2）直播让商品的内容信息呈现更加真实，构建商家和买家之间良好的信任基础。对于用户在购买前的各种担心，直播能够真实还原产品属性，增强商品的真实性，构建用户与商品之间、用户与商家之间的信任基础。

对商家来说，直播增加了引流和售卖的渠道，且没有显著增加经营成本。

1）商家更关注销量，直播更全面地传递了商品信息，促进用户做出购买决策，直播让商家可以从更多维度呈现商品信息。

2）商品介绍从人机图文交互变为真人视频介绍，讲解从售前客服一对一交流变成一对多，降低了售前咨询的负担，售前咨询效率也提高了。

3）直播让电商有了"叫卖"的能力，提高了销售效率。叫卖能吸引关注，起到促销作用。直播有叫卖和促销的双重效果，可提高销售效率。

4）直播营造的群体购物氛围对商家销售商品是有利的，这是另一种形式的团购。通过直播来聚集人气，观看直播的用户人群会相互影响。

5）网红直播在目前阶段还是有一定的成本，不过也出现了很多直播达人，他们类似于线下的销售或商场的导购，更多依靠讲解能力来售卖商品，而网红逐渐成为展示商品的模特。现在已经有较多的商家放弃了网红直播的模式。

对平台来说，直播能够更好地聚集人气。

1）带来更多的流量。流量对于电商平台的重要性是不言而喻的，而直播可以利用网红经济的粉丝效应、品牌效应、规模销售效应聚集粉丝群体，成为新的流量入口。

2）能较为有效地刺激用户消费。在信息展示多样化、真实性、信任感增强的情况下，用户减轻了顾虑，其决策成本降低了；另外，网红或导购作为意见领袖能够影响用户改变心意，刺激用户做出购买决策。

3）丰富了商品售卖的形式。直播的形式互动性更强，相比于图文的单向信息交互，视频互动的形式可让用户与平台、商家、其他用户之间产生互动，对用户的吸引力更大。

不过也有人不太看好直播，大抵有如下几种原因。

1）从形式上来说，直播电商和电视购物比较类似，电视这种媒体属性较强的介质都不太能卖好货，很多人因而担心直播电商的效果，不确定这种模式到底能带来多大的销量。

2）对于网红卖货能力的质疑。很多人觉得网红展示自己的能力是有的，但有没有卖货的能力是一个很大的问号，而且很难确定粉丝对网红的黏性到底有多强，网红能否持续带来可观的流量。

3）目前各大电商直播产品或平台上都是头部主播占据主导地位，绝大部分主播做不出效果，较难让直播电商产生可观的规模效应。

4）在电商发展的过程中，去中心化、缩短连接的互联网思维让很多商家舍弃了中间环节，直面用户，它们不一定具备导购、讲解的能力，毕竟它们没有经营线下商场的经验，也从没有培养过类似导购员角色的员工。

当下的直播+电商模式仍存在较多的问题需要解决，核心在于如何提升购买转化率。像淘宝这样不愁流量的平台，核心是要验证直播+电商模式能否比原有的电商模式更为有效。不管怎么说，这种尝试都是好的，能够让如日中天的直播业务产生更多的价值，寻求更好的变现能力。

适合采用电商直播的业务场景

直播+电商带来好销量的个案已经存在，目前主要集中在明星效应和网红效应上，但不是所有的品类都适合做直播电商，也不是所有的网红都有能力卖货，至少目前没有看到普遍成功的现象。

若是自有平台搭建直播体系，还存在不容忽视的带宽费用问题，即便当下云服务已经十分成熟，带宽资源的费用依然较高。不过相比于高昂的电商获客成本，带宽费用还是要低得多，如果直播+电商的转化率能提升，将会为电商产品带来更大的发展。

当前中产阶级崛起已是不争的事实，随着人们消费水平的提高，传统以大众品牌为导向的消费时代逐渐过渡到以优质商品为导向的消费时代。当"严选"类产品服务模式出现的时候，即便售卖的商品品牌不知名，价格与品牌商品差不多，但只要质量有保证，消费者的购买意愿还是很高的。

在这样的背景下，如何在没有品牌背书的情况下，让消费者较为全面地了解商品的可取之处就成了线上产品需要重点解决的问题。区别于传统线下商场或门店设置导购员讲解，线上产品当前更多依靠图文的方式来介绍商品，这在信息传递的效果上是有很大劣势的。

而电商直播能较好地解决优质商品的信息传递问题，且没有时间和空间上的限制，相比大量铺线下门店，成本要低得多。目前手机的硬件水平和国内网络带宽的建设水平已经足以支撑直播技术，这使得在移动互联网上普及直播技术不再有任何障碍。

但电商直播也不是万能解药，不是所有的销售场景、商品品类都适合通过直播售卖。细心观察一下，你会发现电视购物上常做的品类就只有那么几个。那到底什么样的产品和服务适合电商直播的销售场景呢？

我们先来分析一下电商直播的场景特点和技术特点。

1）直播可以直接链接交易流程，促使消费者加快消费决策。

不同于电视购物需要通过电话或其他第三方途径下单，电商直播能无缝嵌套在 Web、App、H5、小程序的应用场景里，一旦消费者有意向购买，能极大缩短其做消费决策的时间，并缩短交易的流程。

2）以直播间为中心构建信息流，其实是围绕主播或导购构建。

电商直播主要解决的是商品讲解和导购的问题，因此除了商品本身的展示以外，人的因素起到很大的作用。这时负责讲解的主播的作用就很突出了，在这种场景下网红经济大有可为。虽然要看网红的讲解变现能力，但不可以忽视的一点是，人的因素将会成为电商直播的核心竞争力，因此好的网红导购会成为新兴高收入人群。

3）不受时间和空间的约束，区间价值变得可衡量。

传统电商依靠促销活动为主导的销售模式，时间区间都拉得比较长，少则一天，多则半个月。而电商直播可以以小时为单位来计算产出，大家经常看到某某明星或网红直播一个小时，卖出某某品牌的商品多少销售额。这种衡量方式将成为电商直播的常态。

4）直播的交互体验要比图文的方式好很多。

这点大家很容易观察出来，直播在娱乐行业的强交互属性已经被印证。电商直播允许消费者直接参与到购物过程当中，与平台、主播以及其他消费者进行交流。

可能还有一些电商直播在应用场景上的特点没有分析到，不过没有关系，其他场景特点都是以上特点的补充。产品和服务是否符合上述特点，核心的判断依据是消费者是否存在信息不对称的问题。此外，电商直播比较适合消费者做购物决策难度较大的品类。下面这些场景更适合采用电商直播的模式。

（1）无法到现场的购物场景

说到无法到现场的购物场景，很多人会立刻想到跨境电商，没错，在全球购越来越便捷的当下，始终不能很好地解决商品的信息不对称问题。消费者最怕购买到假货、过期货，也怕代购从中间加价加得太凶。直播能较好地解决这个问题，主播亲自到现场直播，给消费者看价格标签、商品展示柜台、商品生产日期等，信息更加透明。

中国幅员辽阔，就算在国内，很多情况下我们也不能到达现场，比如因《舌尖上的中国》而火起来的查干湖捕鱼，没法过去但又想吃到新鲜捕上来的鱼，那就可以通过直播解决。还有旅游目的地的介绍，可以看导游的直播讲解，比看攻略省事多了。只要涉及不能到现场的场景，都可以尝试电商直播。

（2）重视过程消费的购物场景

现在食品安全越来越受到大家的关注，食品生产过程的溯源就很重要，很多产品虽然包装精美，但我们根本不知道它的制作过程是怎样的。淘宝直播上有个大妈摊山东煎饼，就那么一直摊一直摊，重复的动作，大妈也不讲解，但很多人看到了之后就直接下单了。

再比如有机食品，农作物、鸡蛋之类的食品是否有机与养殖过程有很大关系，消费者可以通过直播看饲养员每天喂的是什么，作物有没有打农药等来判断。在消费升级的背景下，会有越来越多的人关注产品和服务的生产过程。

直播甚至可以让消费者全程参与产品的生产和设计，看着产品被制作出来的过程,并且可以与制作者随时讨论。这样的定制过程必然受欢迎。

(3)商品特性需要讲解的购物场景

买房、买车、买衣服、买化妆品、买家电,在很多场景下,我们需要全方位地了解产品或服务,特别是商品单价较高时。这时需要专业的讲解来帮助消费者快速了解商品,做出购物决策。

大家应该都看过微博上一些化妆达人的视频,他们能让人在化妆前后判若两人。在演示的过程中,他们都会介绍用的化妆品是什么牌子、什么型号的,很多人看了就想买,因为看到了实实在在的化妆后效果。现在,美妆电商都采用网红导购的模式进行销售。

当下房产市场都绕不开房产中介,但引入直播后,这种局面可能会大为改观。让已经入住的业主来做房产中介,可信度会大大增加,客户可以省下很多看房选房的时间。

(4)商品适合团购的购物场景

电商直播会将很多人聚集在一起,向群体售卖某一个或某几个产品(服务)。人与人聚集在一起是会相互影响的。大家应该都有这样的体会,售卖相同商品的摊位,人气旺的摊位会更受欢迎。比如去吃饭,有相邻的两家饭店,一家生意很火爆,另一家生意很冷清,很多人宁愿排队也要选择前者,因为他们相信火爆是有原因的,肯定比较好吃。

一件商品你买、我买、大家都买,会极大地带动那些犹豫不决的人,甚至带动本来不想买的人。团购的情况下很容易打造爆款,就是群体效应在起作用。

以上这些模式受品牌的影响会逐渐减小,时间的价值会凸显出来,导购网红将成为高收入职业。从目前的应用场景来看,女性用户仍将是主流。

总结一下，以公司发展战略为导向，以业务场景为根本，以用户为中心，以体验为核心，这是产品经理在接到业务需求后要遵循的一个原则。在公司发展战略确定的情况下，首先要分析公司业务的业务场景。在不了解业务的情况下，接手业务需求就开始画原型、写文档，最终出来的只是产品功能，并不一定能真正服务于业务。要想让自己所负责的产品做的有价值，必须服务于业务发展，这样才能创造价值，才能让产品功能有价值。